中国科学院统计年鉴

STATISTICAL YEARBOOK OF THE CHINESE ACADEMY OF SCIENCES

2000

中国科学院综合计划局 编

Bureau of Comprehensive Planning
Chinese Academy of Sciences

科学出版社

Science Press

2000

中国科学院统计年鉴

STATISTICAL YEARBOOK OF
THE CHINESE ACADEMY OF SCIENCES

2 0 0 0

中国科学院综合计划局　编

科学出版社　出版

北京东黄城根北街16号
邮政编码:100717

中国科学院印刷厂　印刷

科学出版社出版发行

*

2000年12月第一版　　开本:787×1092 1/16

2000年12月第一次印刷　　印张:20½

印数:1—800　　字数:462 000

ISBN 7-03-00-8892-1/N·104

定价:80.00元

(如有印装质量问题,我社负责调换〈科印〉)

《中国科学院统计年鉴》
编委会和编辑人员

一、编委会

主　　编：施尔畏

副 主 编：顾文琪　李志刚

编辑委员（以姓氏笔画为序）：

王喜敏	刘学英	刘丽曼	李志刚	沈幸华
张　侃	张树春	周先路	赵　勤	赵永仁
施尔畏	郭志明	顾文琪	戚　强	黄海霞
魏　玲				

二、编辑部工作人员

总 编 辑：李志刚

副总编辑：刘学英

责任编辑：柴弘俪　李　宏

编辑人员（以姓氏笔画为序）：

白　宁	刘学英	刘继昱	朱明安	许儒敬
李　宏	李洪伟	杨中波	杨福平	陈文开
沈　菁	苏　彦	周　莉	金碧辉	赵国华
赵汐潮	侯宏飞	柏学燕	柴弘俪	唐文忠
唐　炜	高　晶	董　铭	温小蕾	傅淑琴

英文翻译：赵永仁

Members of the Editorial Committee and Editorial Office of the *Statistical Yearbook of the Chinese Academy of Sciences*

编　者　说　明

一、《中国科学院统计年鉴，2000》是一部全面反映中国科学院科技工作和各项事业发展的资料性年刊。本书收录了全院及院属各单位1999年的统计数据以及历年全院主要统计数据。

二、全书内容分为十一个部分，即：学部，机构，人员，经费、基本建设，科技活动，企业开发经营活动，科技论文、专利、获奖成果，国际合作及与港、澳、台交流，人才培养与引进，文献、情报，图书出版。主要统计指标解释附在各部分后面。

三、本年鉴资料来源于综合、业务及其他管理部门年度统计报表。

四、本年鉴部分数据合计数由于单位取舍不同产生的计算误差均未做机械调整。

五、本年鉴部分“按学科分”的汇总数，均指按机构所属学科分。

六、本年鉴由中国科学院综合计划局会同院机关有关部门共同完成。编辑出版过程中，得到各方面的支持和帮助，在此一并致谢。

EDITOR'S NOTES

The *Statistical Yearbook of the Chinese Academy of Sciences, 2000* is an informational almanac which gives an overall description of every major aspect related to CAS's scientific and technological (S&T) activities and its development. It contains statistical data of institutions and organizations of the CAS in 1999 as well as its important statistical information in the past years.

The Yearbook consists of the following 11 parts: academic divisions, organizations, personnel, funds and capital construction, S&T activities, business activities of CAS enterprises, S&T papers, patents and award-winning achievements, international cooperation and Exchanges with Hong Kong, Macao and Taiwan regions, talent training and recruitment, documentation and information, and publication. Explanatory notes on key indicators are attached at the end of each part.

Data contained in the Yearbook are selected from the annual statistical reports of various professional and management departments of the Head Office of the CAS.

Details may not add to the total in some statistical tables due to rounding. No manual adjustment is made.

The definition "By field" in some statistical tables refers to the classification of research fields which the institutes mainly deal with.

The Yearbook is completed by the Bureau of Comprehensive Planning of the CAS in cooperation with the relevant departments of the Head Office of the CAS. The Editorial Committee extends its gratitude to all those who have rendered their valuable support and assistance during the preparation of this Yearbook.

目　　录

一、学　　部

二、机　　构

三、人　　员

四、经费、基本建设

五、科技活动

六、企业开发经营活动

七、科技论文、专利、获奖成果

八、国际合作及与港、澳、台交流

九、人才培养与引进

十、文献、情报

十一、图书出版

CONTENTS

1. ACADEMIC DIVISIONS

2. ORGANIZATIONS

3. PERSONNEL

4. FUNDS AND CAPITAL CONSTRUCTION

5. SCIENTIFIC AND TECHNOLOGICAL ACTIVITIES

6. BUSINESS ACTIVITIES OF CAS ENTERPRISES

7. S&T PAPERS, PATENTS AND AWARD-WINNING ACHIEVEMENTS

8. INTERNATIONAL COOPERATION, AND EXCHANGES WITH HONG KONG, MACAO AND TAIWAN REGIONS

9. TALENT TRAINING AND RECRUITMENT

10. DOCUMENTATION AND INFORMATION

11. PUBLICATION

一、学　部

ACADEMIC DIVISIONS

1.1 历届当选的中国科学院院士(学部委员)人数按学部分布

CAS Members, by Academic Division and Year of Election

单位：人 (person)

	合计 Total	数学物理学部 Division of Mathematics and Physics	化学部 Division of Chemistry	生物学部 Division of Biological Sciences	地学部 Division of Earth Sciences	技术科学部 Division of Technological Sciences
总计 Total	**914**	**164**	**147**	**198**	**166**	**239**
1955 年	172	30	22	60	24	36
1957 年	18	6	2	5	3	2
1980 年	283	51	51	53	64	64
1991 年	210	38	35	34	35	68
1993 年	59	10	10	11	10	18
1995 年	59	10	9	12	10	18
1997 年	58	9	10	12	10	17
1999 年	55	10	8	11	10	16

注：1989 年和 1999 年分别撤销院士（学部委员）各 1 人。

Note: In 1989 and 1999, two Members (Academician) of the Academic Division were dismissed respectively.

1.2 现有院士人数按单位分布（1999 年）

Present CAS Members, by Institution: 1999

单位：人 (person)

	合计 Total	数学物理学部 Division of Mathematics and Physics	化学部 Division of Chemistry	生物学部 Division of Biological Sciences	地学部 Division of Earth Sciences	技术科学部 Division of Technological Sciences
总　计 Total	**589**	**109**	**104**	**100**	**106**	**170**
其中：女性 Of which: Female	38	9	8	7	5	9
科研院所 Research units	267	62	44	64	44	53
高等学校 Institutions of higher learning	219	37	51	34	26	71
其他单位 Other institutions	103	10	9	2	36	46

二、机　　构

ORGANIZATIONS

2.1 院直属单位发展情况

Development of Units Directly under CAS

单位：个 (unit)

年份 Year	院直属事业单位 Institutions directly under CAS	科研机构 Research units	院直属企业单位 Enterprises directly under CAS
1949	25	22	
1952	26	31	
1957	97	67	
1962	117	99	
1966	135	106	
1975	80	63	
1980	156	117	
1985	157	122	
1990	159	123	
1994	159	123	5
1995	161	124	5
1996	158	123	8
1997	157	123	10
1998	155	121	10
1999	149	115	8

2.2 院直属事业单位（1999年）

Institutions Directly under CAS：1999

序号 No.	单位名称 Unit	序号 No.	单位名称 Unit
	合计：149个 **Total**	13	地理研究所 Inst. of Geography
	北京市：50个 Beijing	14	地质研究所 Inst. of Geology
1	数学与系统科学研究院 Academy of Mathematics & System Sciences	15	地球物理研究所 Inst. of Geophysics
2	物理研究所 Inst. of Physics	16	古脊椎动物与古人类研究所 Inst. of Vertebrate Paleontology and Paleoanthropology
3	声学研究所 Inst. of Acoustics	17	大气物理研究所 Inst. of Atmospheric Physics
4	理论物理研究所 Inst. of Theoretical Physics	18	遥感应用研究所 Inst. of Remote Sensing Application
5	低温技术实验中心 Cryogenic Laboratory	19	自然资源综合考察委员会 Commission for Integrated Surveys of Natural Resources
6	高能物理研究所 Inst. of High Energy Physics	20	植物研究所 Inst. of Botany
7	北京天文台 Beijing Astronomical Observatory	21	动物研究所 Inst. of Zoology
8	力学研究所 Inst. of Mechanics	22	心理研究所 Inst. of Psychology
9	化学研究所 Inst. of Chemistry	23	微生物研究所 Inst. of Microbiology
10	感光化学研究所 Inst. of Photographic Chemistry	24	生物物理研究所 Inst. of Biophysics
11	生态环境研究中心 Research Center for Eco-Environmental Sciences	25	遗传研究所 Inst. of Genetics
		26	发育生物学研究所 Inst. of Developmental Biology
12	化工冶金研究所 Inst. of Chemical Metallurgy	27	计算技术研究所 Inst. of Computing Technology

续表 2.2

序号 No.	单位名称 Unit	序号 No.	单位名称 Unit
28	计算机网络信息中心 Computer Network Information Center	43	行政管理局 Bureau of Administration and Logistics
29	软件研究所 Inst. of Software	44	中国科学技术大学研究生院 Graduate School of the University of Science and Technology of China
30	北京软件工程研制中心 Beijing Software Engineering Center	45	管理干部学院 Beijing Inst. of Management
31	半导体研究所 Inst. of Semiconductors	46	中国科学院文献情报中心 CAS Documentation and Information Center
32	微电子中心 Microelectronics R&D Center	47	中国科学报社 Chinese Science News
33	电子学研究所 Inst. of Electronics	48	科学出版社 Science Press
34	电工研究所 Inst. of Electric Engineering	49	北京建筑设计研究院 Beijing Inst. of Architectural Designing
35	工程热物理研究所 Inst. of Engineering Thermophysics	50	中国科学院科技物资中心 CAS S&T Materials Supply Center
36	空间科学与应用研究中心 Center for Space Science and Applied Research		河北省：1个 Hebei Province
37	自动化研究所 Inst. of Automation	51	石家庄农业现代化研究所 Shijiazhuang Inst. of Agricultural Modernization
38	遥感卫星地面站 Remote Sensing Satellite Ground Station		山西省：1个 Shanxi Province
39	自然科学史研究所 Inst. of History of Natural Sciences	52	山西煤炭化学研究所 Shanxi Inst. of Coal Chemistry
40	科技政策与管理科学研究所 Inst. of Science Policy and Management		辽宁省：8个 Liaoning Province
41	北京科学仪器研制中心 Beijing R&D Center for Scientific Instruments	53	大连化学物理研究所 Dalian Inst. of Chemical Physics
42	中国科学院机关 CAS Head Office	54	沈阳应用生态研究所 Shenyang Inst. of Applied Ecology

续表 2.2

序号 No.	单 位 名 称 Unit	序号 No.	单 位 名 称 Unit
55	沈阳计算技术研究所 Shenyang Inst. of Computing Technology		上海市：17 个 Shanghai
56	沈阳自动化研究所 Shenyang Inst. of Automation	68	上海原子核研究所 Shanghai Inst. of Nuclear Research
57	金属研究所 Inst. of Metals Research	69	上海天文台 Shanghai Observatory
58	金属腐蚀与防护研究所 Inst. of Corrosion and Protection of Metals	70	上海硅酸盐研究所 Shanghai Inst. of Ceramics
59	沈阳科学仪器研制中心 Shenyang R&D Center for Scientific Instruments	71	上海有机化学研究所 Shanghai Inst. of Organic Chemistry
60	中国科学院沈阳分院 CAS Shenyang Branch	72	上海植物生理研究所 Shanghai Inst. of Plant Physiology
	吉林省：6 个 Jilin Province	73	上海昆虫研究所 Shanghai Inst. of Entomology
61	长春物理研究所 Changchun Inst. of Physics	74	上海药物研究所 Shanghai Inst. of Materia Medica
62	长春人造卫星观测站 Changchun Satellite Observation Station	75	上海生理研究所 Shanghai Inst. of Physiology
63	长春应用化学研究所 Changchun Inst. of Applied Chemistry	76	上海生物化学研究所 Shanghai Inst. of Biochemistry
64	长春地理研究所 Changchun Inst. of Geography	77	上海细胞生物学研究所 Shanghai Inst. of Cell Biology
65	长春光学精密机械研究所 Changchun Inst. of Optics and Fine Mechanics	78	上海脑研究所 Shanghai Inst. of Brain Research
66	中国科学院长春分院 CAS Changchun Branch	79	上海生物工程研究中心 Shanghai Bioengineering Research Center
	黑龙江省：1 个 Heilongjiang Province	80	上海冶金研究所 Shanghai Inst. of Metallurgy
67	黑龙江农业现代化研究所 Heilongjiang Inst. of Agricultural Modernization	81	上海光学精密机械研究所 Shanghai Inst. of Optics and Fine Mechanics
		82	上海技术物理研究所 Shanghai Inst. of Technical Physics

序号 No.	单 位 名 称 Unit	序号 No.	单 位 名 称 Unit
83	上海文献情报中心 Shanghai Center for Documentation and Information	96	中国科学技术大学 University of Science and Technology of China
			福建省：1个 Fujian Province
84	中国科学院上海分院 CAS Shanghai Branch	97	福建物质结构研究所 Fujian Inst. of Research on the Structure of Matter
	江苏省：6个 Jiangsu Province		江西省：1个 Jiangxi Province
85	紫金山天文台 Purple Mountain Observatory	98	庐山疗养院 Lushan Sanatorium
86	南京天文仪器研制中心 Nanjing R&D Center for Astronomical Instruments		山东省：2个 Shandong Province
87	南京地理与湖泊研究所 Nanjing Inst. of Geography and Limnology	99	海洋研究所 Inst. of Oceanology
88	南京地质古生物研究所 Nanjing Inst. of Geology and Palaeontology	100	青岛疗养院 Qingdao Sanatorium
89	南京土壤研究所 Nanjing Inst. of Soil Science		河南省：1个 Henan Province
90	中国科学院南京分院 CAS Nanjing Branch	101	新乡科学仪器研制中心 Xinxiang R&D Center for Scientific Instruments
	安徽省：6个 Anhui Province		湖北省：8个 Hubei Province
91	固体物理研究所 Inst. of Solid State Physics	102	武汉物理与数学研究所 Wuhan Inst. of Physics and Mathematics
92	等离子体物理研究所 Inst. of Plasma Physics	103	武汉岩土力学研究所 Wuhan Inst. of Rock and Soil Mechanics
93	合肥智能机械研究所 Hefei Inst. of Intelligent Machines	104	测量与地球物理研究所 Inst. of Geodesy and Geophysics
94	安徽光学精密机械研究所 Anhui Inst. of Optics and Fine Mechanics	105	武汉植物研究所 Wuhan Inst. of Botany
95	中国科学院合肥分院 CAS Hefei Branch	106	水生生物研究所 Inst. of Hydrobiology

续表 2.2

序号 No.	单 位 名 称 Unit	序号 No.	单 位 名 称 Unit
107	武汉病毒研究所 Wuhan Inst. of Virology	120	成都山地灾害与环境研究所 Chengdu Inst. of Mountain Hazards and Environment
108	武汉文献情报中心 Wuhan Center for Documentation and Information	121	成都计算机应用研究所 Chengdu Inst. of Computer Application
109	中国科学院武汉分院 CAS Wuhan Branch	122	成都生物研究所 Chengdu Inst. of Biology
	湖南省：2个 Hunan Province	123	光电技术研究所 Inst. of Optics and Electronics
110	长沙大地构造研究所 Changsha Inst. of Geotectonics	124	成都科学仪器研制中心 Chengdu R&D Center for Scientific Instruments
111	长沙农业现代化研究所 Changsha Inst. of Agricultural Modernization	125	成都文献情报中心 Chengdu Documentation and Information Center
	广东省：7个 Guangdong Province	126	中国科学院成都分院 CAS Chengdu Branch
112	广州化学研究所 Guangzhou Inst. of Chemistry		贵州省：1个 Guizhou Province
113	广州地球化学研究所 Guangzhou Inst. of Geochemistry	127	贵阳地球化学研究所 Guiyang Inst. of Geochemistry
114	南海海洋研究所 South China Sea Inst. of Oceanology		云南省：5个 Yunnan Province
115	华南植物研究所 South China Inst. of Botany	128	云南天文台 Yunnan Observatory
116	广州电子研究所 Guangzhou Inst. of Electronic Technology	129	昆明植物研究所 Kunming Inst. of Botany
117	广州能源研究所 Guangzhou Inst. of Energy Conversion	130	西双版纳热带植物园 Xishuangbanna Tropical Botanical Garden
118	中国科学院广州分院 CAS Guangzhou Branch	131	昆明动物研究所 Kunming Inst. of Zoology
	四川省：8个 Sichuan Province		
119	成都有机化学研究所 Chengdu Inst. of Organic Chemistry	132	中国科学院昆明分院 CAS Kunming Branch

序号 No.	单 位 名 称 Unit	序号 No.	单 位 名 称 Unit
	陕西省：3 个 Shaanxi Province		青海省：2 个 Qinghai Province
133	陕西天文台 Shaanxi Observatory	142	青海盐湖研究所 Qinghai Inst. of Saline Lakes
134	西安光学精密机械研究所 Xi'an Inst. of Optics and Fine Mechanics	143	西北高原生物研究所 Northwest Inst. of Plateau Biology
135	中国科学院西安分院 CAS Xi'an Branch		新疆维吾尔自治区：5 个 Xinjiang Uygur Autonomous Region
	甘肃省：6 个 Gansu Province	144	新疆物理研究所 Xinjiang Inst. of Physics
136	近代物理研究所 Inst. of Modern Physics	145	乌鲁木齐天文工作站 Ürümqi Astronomic Working Station
137	兰州化学物理研究所 Lanzhou Inst. of Chemical Physics	146	新疆化学研究所 Xinjiang Inst. of Chemistry
138	寒区旱区环境与工程研究所 Cold and Arid Regions Environmental and Engineering Research Institute	147	新疆生态与地理研究所 Xinjiang Inst. of Ecology and Geography
139	兰州地质研究所 Lanzhou Inst. of Geology	148	中国科学院新疆分院 CAS Xinjiang Branch
140	资源环境科学信息中心 Scientific Information Center for Resources and Environmental		海南省：1 个 Hainan Province
141	中国科学院兰州分院 CAS Lanzhou Branch	149	中国科学院海南分院（筹备组） CAS Hainan Branch (Preparatory Group)

注：Inst. ——Institute. R&D——Research and Development.

2.3 院直属企业单位（1999 年）
Enterprises Directly under CAS：1999

序号 No.	单位名称 Unit
	合计：8 个 **Total**
	北京市：6 个 Beijing
1	中科实业集团（控股）公司 China Sciences Holdings Co.
2	东方科学仪器进出口集团公司 Oriental Scientific Instrument Import & Export Group Corp.
3	联想集团控股公司 Legend Computer Holdings Co.
4	华建电子有限责任公司 Huajian Electronics Co.，Ltd.
5	中国科技促进经济投资公司 China Scientific Promotion Investment Co.
6	中国科学院印刷厂 CAS Printing House
	河南省：1 个 Henan Province
7	开封印刷厂 Kaifeng Printing House
	广东省：1 个 Guangdong Province
8	深圳科健集团有限公司 Shenzhen Kejian Group Co.，Ltd.

主要统计指标解释

1. 院直属单位

院直属单位指经国家正式批准的院直属独立核算单位。独立核算单位的条件是：行政上有独立的组织形式，具有法人资格；会计上独立核算盈亏，独立编制资金平衡表或财务预算、决算表；有权与其他单位签订合同，并在银行设有独立的账户。

2. 事业单位

事业单位指从事为生产和生活服务以及为提高人民科学、文化水平和素质服务的独立核算单位，包括：科学研究和综合技术服务事业等。

3. 企业单位

企业单位指院直属从事商品生产、流通、经营和服务性经济活动，以营利为目的并在工商行政管理部门登记的独立核算单位。

Explanatory Notes on Key Indicators

1. Units directly under CAS

This refers to the independent accounting units directly under the jurisdiction of the CAS, which are established on the formal approval of the State. Independent accounting units should have independent organizational structure, enjoy corporate status, assume sole responsibility for their profits or losses, compile independently their financial balance sheets or financial budgets and final accounts, have the right to sign contracts with other organizations and establish their own bank accounts.

2. Institutions

This refers to those independent accounting units which serve for the production, people's welfare as well as the improvement of the standard and quality of science and culture, including scientific research and overall technological services.

3. Enterprises

This refers to CAS independent accounting units which are engaged in the commodity production, circulation and business activities as well as service activities with the aim of making profit and are registered in industrial and commercial administrative departments.

三、人　　员

PERSONNEL

3.1 正式职工分类情况

Classification of CAS Regular Staff

单位：人 (person)

年份 Year	总计 Total	其中：女性 Of which: Female	干部 Cadres						工人 Workers
			合计 Total	专业技术人员 Professional and technical staff				行政管理人员 Administrative staff	
				小计 Subtotal	高级 Senior	中级 Intermediate level	初级及未定 Junior and others		
1949	575		416	345	122	112	82	71	159
1950	1063		789	562	165	206	141	227	274
1951	1494		1105	811	220	290	228	294	389
1952	5239		3014	1967	351	405	754	1047	2225
1953	7262		4382	2776	391	470	1309	1606	2880
1954	7043		4745	3296	413	493	1560	1449	2298
1955	7978		5817	4152	488	536	1953	1665	2161
1956	14209		11336	8476	731	815	3735	2860	2873
1957	17294		13347	10566	753	931	4750	2781	3947
1958	34049		21558	14979	752	938	5770	6579	12491
1959	45769		32421	20022	680	847	7103	12399	13348
1960	57876		37505	23898	736	1137	9316	13607	20471
1961	40957		28586	19128	590	1219	9794	9458	12371
1962	42143		32285	23179	623	2113	13198	9106	9858
1963	46198		35355	25264	640	2354	14866	10091	10843
1964	52775		39969	28822	696	2719	16634	11147	12806
1965	60258		44341	30835	688	2874	18375	13506	15917
1966	61681		44900	31109	693	2973	18644	13791	16781
1973	35157		24911	16407	414	1768	11289	8504	10246
1974	26635		25944	17242	408	1764	11907	8702	10691
1975	48716		33134	20749	505	1874	14675	12385	15582
1976	51824		34736	19915	429	1903	15496	14821	17088
1977	54756		36811	20592	413	1894	17357	16219	17945

年份 Year	总计 Total	其中：女性 Of which: Female	干部 Cadres						工人 Workers
			合计 Total	专业技术人员 Professional and technical staff				行政管理人员 Administrative staff	
				小计 Subtotal	高级 Senior	中级 Intermediate level	初级及未定 Junior and others		
1978	79755		52045	34406	1261	10380	19253	13856	27710
1979	83488	28544	55076	43058	2238	21411	19409	12018	28412
1980	84497	28897	55813	44098	2737	22795	18566	11715	28684
1981	76644	26319	50026	40239	2724	22016	15499	9787	26618
1982	78109	26728	52092	42931	3076	25267	14588	9161	26017
1983	78439	26786	52610	44295	3283	26014	14998	8315	25829
1984	80792	27615	54099	44850	3204	25526	16120	9249	26693
1985	81501	27946	55201	46056	3491	25194	17371	9145	26300
1986	82326	28484	57363	49865	8358	22716	18791	7498	24963
1987	82721	28624	59667	52628	10638	23138	18852	7039	23054
1988	83969	29248	62328	55910	12010	24413	19487	6418	21641
1989	84287	29157	63499	57550	13280	24328	19942	5949	20788
1990	84848	29031	64554	59028	14574	25043	19411	5526	20294
1991	84909	29088	65179	59800	14810	24621	20369	5379	19730
1992	83909	28638	64592	59387	15612	24714	19061	5205	19317
1993	81456	27645	62930	57878	16735	24468	16675	5052	18526
1994	78295	26462	60443	55565	17267	23649	14649	4878	17852
1995	75039	25314	58021	52992	17774	22446	12772	5029	17018
1996	71763	24224	55523	47789	16712	19842	11235	7734	16240
1997	68292	23073	52721	45124	16618	18397	10109	7597	15571
1998	65003	21980	49983	42693	16031	17169	9493	7290	15020
1999	61681	20612	47264	40175	15031	15992	9152	7089	14417

注：1. 1949 年～1978 年专业技术人员中，高级、中级、初级仅包括研究技术人员和高等学校教学人员。因此专业技术人员小计＞高级＋中级＋初级。

Note: The data of senior, intermediate level and junior in the category of professional and technical staff from 1949 to 1978 only include research and technical people and teaching staff in the universities. Therefore, the total of professional and technical staff is more than the total of the senior, middle level and junior.

2. 1967 年～1972 年全院职工分类无统计数据。女性职工 1949 年～1978 年无统计数据。

The statistical data for female staff from 1949 to 1978 and that for the total CAS staff from 1967 to 1972 are not available.

3.2 正式职工及

CAS Regular Staff and

单位：人

系统及单位 System and unit	正式职工 总 计 Regular staff Total	其中： 女性 Of which: Female
总计 **Total**	**61681**	**20612**
一、按系统分 By system		
(一)科研机构 Research units	47487	15095
数学、物理 Mathematics & physics	8962	2604
化学与化工 Chemistry & chemical engineering	8032	2611
地学 Earth sciences	6399	1769
生物学 Biological sciences	8346	3151
技术科学 Technological sciences	15549	4884
其他 Others	199	76
(二)支撑机构 Supporting organizations	9604	3761
教育培干 Education & cadre training	3903	1367
图书、情报、出版 Library, information & publication	2438	1134
科学仪器研制 Scientific instrument development	2088	751
基本建设 Capital construction	140	56
服务与福利 Service & welfare	1035	453
(三)管理机构 Management organizations	1133	502
中国科学院本部 CAS Head Office	843	383
其中：院机关 Of which: Head Office	290	119

离退休人员情况(1999 年)
Retired Personnel:1999

(person)

干部 Cadres								
合计 Total	专业技术人员 Professional and technical staff					行政管理人员 Adminis-trative staff	工人 Workers	离、退休人员总数 Total retired personnel
	小计 Subtotal	高级 Senior	其中:研究员 Of which: Research fellow	中级 Interme-diate level	初级及未定 Junior and others			
47264	**40175**	**15031**	**4599**	**15992**	**9152**	**7089**	**14417**	**34745**
37922	33136	12592	3990	13279	7265	4786	9565	28741
7146	6208	2732	859	2273	1203	938	1816	5070
6526	5795	2040	674	2425	1330	731	1506	5144
5639	4874	2181	764	1960	733	765	760	3580
6965	5963	2177	742	2448	1338	1002	1381	5247
11458	10133	3379	918	4102	2652	1325	4091	9619
188	163	83	33	71	9	25	11	81
5946	4805	1826	520	1799	1180	1141	3658	4075
3185	2801	1331	417	917	553	384	718	1042
1219	904	232	52	414	258	315	1219	1383
993	752	186	35	351	215	241	1095	1068
133	117	55	16	41	21	16	7	60
416	231	22	0	76	133	185	619	522
866	374	282	68	108	55	492	267	543
576	241	125	34	75	41	335	267	543
290	133	157	34	33	14	157	0	

系统及单位 System and unit	正式职工 总　计 Regular staff Total	其中： 女性 Of which： Female
地区管理部门 CAS Branches	2389	924
(四)院直属企业 Enterprises directly affiliated to CAS	2689	998
二、按单位分 By unit		
(一)事业单位 Institution	61681	20612
北京市 Beijing	19136	7159
数学与系统科学研究院 Academy of Mathematics & System Sciences	440	94
数学研究所 Inst. of Mathematics	116	27
应用数学研究所 Inst. of Applied Mathematics	115	18
系统科学研究所 Inst. of Systems Science	124	28
计算数学与科学工程计算研究所 Inst. of Computational Mathematics and Scientific/Engineering Computing	85	21
物理研究所 Inst. of Physics	522	154
声学研究所 Inst. of Acoustics	576	158
理论物理研究所 Inst. of Theoretical Physics	62	13
低温技术实验中心 Cryogenic Laboratory	172	37
高能物理研究所 Inst. of High Energy Physics	1283	525
北京天文台 Beijing Astronomical Observatory	262	77
力学研究所 Inst. of Mechanics	493	155
化学研究所 Inst. of Chemistry	569	206
感光化学研究所 Inst. of Photographic Chemistry	327	131

续表 3.2

干部 Cadres							工人 Workers	离、退休人员总数 Total retired personnel
合计 Total	专业技术人员 Professional and technical staff					行政管理人员 Administrative staff		
	小计 Subtotal	高级 Senior	其中：研究员 Of which: Research fellow	中级 Intermediate level	初级及未定 Junior and others			
1640	970	246	35	417	307	670	749	1243
1401	1071	242	20	447	382	330	1288	834
47264	40175	15031	4599	15992	9152	7089	14417	34745
15638	13338	5607	1888	4848	2883	2300	3498	11848
424	375	243	150	93	39	49	16	197
107	95	66	47	19	10	12	9	68
112	99	62	39	21	16	13	3	28
121	108	79	43	23	6	13	3	50
84	73	36	21	30	7	11	1	51
445	406	267	88	115	24	39	77	369
488	438	170	49	162	106	50	88	416
60	50	39	28	8	3	10	2	19
116	93	49	14	32	12	23	56	129
972	833	386	92	279	168	139	311	756
221	187	99	33	74	14	34	41	226
437	394	227	72	125	42	43	56	355
508	468	244	86	168	56	40	61	360
290	259	167	60	58	34	31	37	127

系统及单位 System and unit	正式职工 总　计 Regular staff Total	其中： 女性 Of which: Female
生态环境研究中心 Research Center for Eco-Environmental Sciences	374	146
化工冶金研究所 Inst. of Chemical Metallurgy	320	99
地理研究所 Inst. of Geography	405	119
遥感应用研究所 Inst. of Remote Sensing Application	236	82
地质研究所 Inst. of Geology	387	100
地球物理研究所 Inst. of Geophysics	303	87
古脊椎动物与古人类研究所 Inst. of Vertebrate Paleontology and Paleoanthropology	155	51
大气物理研究所 Inst. of Atmospheric Physics	484	140
自然资源综合考察委员会 Commission for Integrated Surveys of Natural Resources	252	68
植物研究所 Inst. of Botany	591	261
动物研究所 Inst. of Zoology	391	150
心理研究所 Inst. of Psychology	143	67
微生物研究所 Inst. of Microbiology	421	204
生物物理研究所 Inst. of Biophysics	429	195
遗传研究所 Inst. of Genetics	415	177
发育生物学研究所 Inst. of Developmental Biology	109	46
计算技术研究所 Inst. of Computing Technology	705	229
软件研究所 Inst. of Software	555	191
北京软件工程研制中心 Beijing Software Engineering Center	189	77

续表 3.2

干部 Cadres							工人 Workers	离、退休人员总数 Total retired personnel
合计 Total	专业技术人员 Professional and technical staff					行政管理人员 Administrative staff		
	小计 Subtotal	高级 Senior	其中：研究员 Of which: Research fellow	中级 Intermediate level	初级及未定 Junior and others			
329	291	136	52	103	52	38	45	199
281	249	114	47	88	47	32	39	243
368	326	180	84	110	36	42	37	308
220	193	84	22	86	23	27	16	60
350	315	151	55	125	39	35	37	235
270	228	98	31	88	42	42	33	126
140	109	51	16	43	15	31	15	131
446	405	167	51	162	76	41	38	221
228	184	101	39	71	12	44	24	128
492	450	171	66	165	114	42	99	405
356	322	114	42	141	67	34	35	340
136	120	57	34	49	14	16	7	77
374	346	117	44	144	85	28	47	253
355	301	148	41	103	50	54	74	336
385	329	83	23	134	112	56	30	182
91	66	26	7	32	8	25	18	48
528	478	171	55	202	105	50	177	696
521	463	128	43	141	194	58	34	134
185	179	20	3	37	122	6	4	11

系统及单位 System and unit	正式职工 总　计 Regular staff Total	其中： 女性 Of which: Female
计算机网络信息中心 Computer Network Information Center	82	35
半导体研究所 Inst. of Semiconductors	643	228
微电子中心 Microelectronics R&D Center	541	239
电子学研究所 Inst. of Electronics	574	198
自动化研究所 Inst. of Automation	380	129
电工研究所 Inst. of Electric Engineering	388	125
工程热物理研究所 Inst. of Engineering Thermophysics	201	57
空间科学与应用研究中心 Center for Space Science and Applied Research	463	176
遥感卫星地面站 Remote Sensing Satellite Ground Station	160	47
自然科学史研究所 Inst. of History of Natural Sciences	102	35
科技政策与管理科学研究所 Inst. of Science Policy and Management	97	41
中国科学技术大学研究生院 Graduate School of the University of Science and Technology of China	458	204
管理干部学院 Beijing Inst. of Management	229	111
中国科学院文献情报中心 CAS Documentation and Information Center	306	187
中国科学报社 Chinese Science News	50	23
科学出版社 Science Press	393	202
中国科学院科技物资中心 CAS S&T Materials Supply Center	92	31
北京科学仪器研制中心 Beijing R&D Center for Scientific Instruments	470	192
北京建筑设计研究院 Beijing Inst. of Architectural Designing	140	56

干部 Cadres							工人 Workers	离、退休人员总数 Total retired personnel
合计 Total	专业技术人员 Professional and technical staff					行政管理人员 Administrative staff		
	小计 Subtotal	高级 Senior	其中：研究员 Of which: Research fellow	中级 Intermediate level	初级及未定 Junior and others			
79	72	21	6	22	29	7	3	22
485	430	183	64	127	120	55	158	426
331	285	82	29	135	68	46	210	328
479	434	161	43	148	125	45	95	584
328	287	115	30	118	54	41	52	229
322	292	89	24	106	97	30	66	282
189	166	70	23	70	26	23	12	85
429	372	158	39	147	67	57	34	373
142	127	33	10	52	42	15	18	44
95	82	48	19	32	2	13	7	56
93	81	35	14	39	7	12	4	25
368	280	140	55	104	36	88	90	280
177	124	40	6	33	51	53	52	97
273	229	61	13	100	68	44	33	201
47	35	14	3	11	10	12	3	10
361	333	96	27	152	85	28	32	280
63	38	2	0	23	13	25	29	75
271	236	49	6	109	78	35	199	269
133	117	55	16	41	21	16	7	60

系统及单位 System and unit	正式职工 总　计 Regular staff Total	其中： 女性 Of which: Female
行政管理局 Bureau of Administration and Logistics	954	421
中国科学院本部 CAS Head Office	843	383
其中：院机关 Of which:Head Office	290	119
河北省 Hebei Province	140	45
石家庄农业现代化研究所 Shijiazhuang Inst. of Agricultural Modernization	140	45
山西省 Shanxi Province	592	193
山西煤炭化学研究所 Shanxi Inst. of Coal Chemistry	592	193
辽宁省、山东省 Liaoning and Shandong provinces	4807	1279
大连化学物理研究所 Dalian Inst. of Chemical Physics	1184	354
沈阳应用生态研究所 Shenyang Inst. of Applied Ecology	353	121
沈阳计算技术研究所 Shenyang Inst. of Computing Technology	426	123
沈阳自动化研究所 Shenyang Inst. of Automation	635	147
金属研究所 Inst. of Metals Research	890	211
金属腐蚀与防护研究所 Inst. of Corrosion and Protection of Metals	194	43
沈阳科学仪器研制中心 Shenyang R&D Center for Scientific Instruments	381	91
海洋研究所 Inst. of Oceanology	650	160
中国科学院沈阳分院 CAS Shenyang Branch	94	29
其中：分院机关 Of which:Branch Office	30	11
吉林省、黑龙江省 Jilin and Heilongjiang provinces	4118	1242

续表 3.2

干部 Cadres							工人 Workers	离、退休人员总数 Total retired personnel
合计 Total	专业技术人员 Professional and technical staff					行政管理人员 Administrative staff		
	小计 Subtotal	高级 Senior	其中：研究员 Of which: Research fellow	中级 Intermediate level	初级及未定 Junior and others			
381	220	22	0	66	132	161	573	492
576	241	125	34	75	41	335	267	543
290	133	157	34	33	14	157	0	
133	117	57	19	35	25	16	7	93
133	117	57	19	35	25	16	7	93
434	371	129	34	162	80	63	158	350
434	371	129	34	162	80	63	158	350
3935	3443	1208	374	1562	673	492	872	3008
1049	942	228	77	474	240	107	135	641
306	252	116	35	104	32	54	47	308
356	319	112	21	117	90	37	70	229
519	456	191	37	190	75	63	116	345
703	620	242	80	289	89	83	187	579
179	162	77	28	67	18	17	15	51
211	165	55	17	74	36	46	170	236
528	475	168	72	218	89	53	122	550
84	52	19	7	29	4	32	10	69
28	16	12	7	5	1	12	2	
3073	2686	823	243	1277	586	387	1045	3096

系统及单位 System and unit	正式职工 总　计 Regular staff Total	其中： 女性 Of which： Female
长春物理研究所 Changchun Inst. of Physics	473	144
长春人造卫星观测站 Changchun Satellite Observation Station	53	10
长春应用化学研究所 Changchun Inst. of Applied Chemistry	1051	343
长春地理研究所 Changchun Inst. of Geography	237	51
长春光学精密机械研究所 Changchun Inst. of Optics and Fine Mechanics	2085	641
黑龙江农业现代化研究所 Heilongjiang Inst. of Agricultural Modernization	142	32
中国科学院长春分院 CAS Changchun Branch	77	21
其中：分院机关 Of which：Branch Office	25	9
上海市、福建省 Shanghai，Fujian Province	8331	2732
上海原子核研究所 Shanghai Inst. of Nuclear Research	837	207
上海天文台 Shanghai Observatory	306	94
上海硅酸盐研究所 Shanghai Inst. of Ceramics	767	214
上海有机化学研究所 Shanghai Inst. of Organic Chemistry	912	327
上海植物生理研究所 Shanghai Inst. of Plant Physiology	248	93
上海昆虫研究所 Shanghai Inst. of Entomology	160	48
上海药物研究所 Shanghai Inst. of Materia Medica	361	139
上海生理研究所 Shanghai Inst. of Physiology	205	80
上海生物化学研究所 Shanghai Inst. of Biochemistry	442	180
上海细胞生物学研究所 Shanghai Inst. of Cell Biology	229	114

干部 Cadres							工人 Workers	离、退休人员总数 Total retired personnel
合计 Total	专业技术人员 Professional and technical staff					行政管理人员 Administrative staff		
	小计 Subtotal	高级 Senior	其中：研究员 Of which: Research fellow	中级 Intermediate level	初级及未定 Junior and others			
401	340	125	40	156	59	61	72	323
46	36	11	1	21	4	10	7	11
860	772	264	99	373	135	88	191	728
200	164	77	27	63	24	36	37	142
1374	1228	290	65	603	335	146	711	1797
123	103	32	7	47	24	20	19	55
69	43	24	4	14	5	26	8	40
25	13	12	4	4	3	12	0	
5835	5024	1603	521	2183	1238	811	2496	5020
565	509	172	41	225	112	56	272	608
263	229	86	27	96	47	34	43	144
561	509	174	56	249	86	52	206	430
529	472	102	46	165	205	57	383	749
173	137	58	30	61	18	36	75	213
139	106	40	13	45	21	33	21	108
300	262	87	35	102	73	38	61	273
157	141	40	11	77	24	16	48	128
355	294	104	43	121	69	61	87	189
184	155	38	19	80	37	29	45	141

系统及单位 System and unit	正式职工 总　计 Regular staff Total	其中： 女性 Of which： Female
上海脑研究所 Shanghai Inst. of Brain Research	58	21
上海生物工程研究中心 Shanghai Bioengineering Research Center	196	70
上海冶金研究所 Shanghai Inst. of Metallurgy	817	252
上海光学精密机械研究所 Shanghai Inst. of Optics and Fine Mechanics	904	264
上海技术物理研究所 Shanghai Inst. of Technical Physics	769	244
上海文献情报中心 Shanghai Center for Documentation and Information	89	51
福建物质结构研究所 Fujian Inst. of Research on the Structure of Matter	376	80
中国科学院上海分院 CAS Shanghai Branch	655	254
其中：分院机关 Of which:Branch Office	68	26
江苏省 Jiangsu Province	1619	498
紫金山天文台 Purple Mountain Observatory	318	100
南京地理与湖泊研究所 Nanjing Inst. of Geography and Limnology	227	67
南京地质古生物研究所 Nanjing Inst. of Geology and Palaeontology	246	64
南京土壤研究所 Nanjing Inst. of Soil Science	330	95
南京天文仪器研制中心 Nanjing R&D Center for Astronomical Instruments	453	158
中国科学院南京分院 CAS Nanjing Branch	45	14
其中：分院机关 Of which:Branch Office	18	7
安徽省 Anhui Province	5139	1640
固体物理研究所 Inst. of Solid State Physics	128	24

续表 3.2

干部 Cadres							工人 Workers	离、退休人员总数 Total retired personnel
合计 Total	专业技术人员 Professional and technical staff					行政管理人员 Administrative staff		
	小计 Subtotal	高级 Senior	其中：研究员 Of which: Research fellow	中级 Intermediate level	初级及未定 Junior and others			
53	38	16	6	15	7	15	5	28
148	117	23	7	59	35	31	48	51
582	520	159	49	248	113	62	235	565
560	497	198	59	201	98	63	344	613
571	515	170	47	221	124	56	198	317
70	59	16	1	35	8	11	19	64
324	271	84	27	102	85	53	52	203
301	193	36	4	81	76	108	354	196
66	20	46	4	6	2	46	2	
1259	1091	574	166	382	148	168	360	917
285	248	135	33	79	34	37	33	146
206	191	97	24	71	23	15	21	128
227	204	118	53	66	20	23	19	156
297	263	138	43	99	26	34	33	264
202	166	63	12	63	40	36	251	191
42	19	23	1	4	5	23	3	32
18	3	15	1	4	5	23	3	
4067	3629	1576	449	1272	781	438	1072	1374
114	104	46	15	28	30	10	14	33

系统及单位 System and unit	正式职工 总　计 Regular staff Total	其中： 女性 Of which: Female
等离子体物理研究所 Inst. of Plasma Physics	504	137
合肥智能机械研究所 Hefei Inst. of Intelligent Machines	160	48
安徽光学精密机械研究所 Anhui Inst. of Optics and Fine Mechanics	770	240
中国科学技术大学 University of Science and Technology of China	3216	1052
中国科学院合肥分院 CAS Hefei Branch	361	139
其中：分院机关 Of which: Branch Office	57	15
江西省 Jiangxi Province	42	15
庐山疗养院 Lushan Sanatorium	42	15
山东省 Shandong Province	39	17
青岛疗养院 Qingdao Sanatorium	39	17
河南省 Henan Province	347	141
新乡科学仪器研制中心 Xinxiang R&D Center for Scientific Instruments	347	141
湖北省、湖南省 Hubei and Hunan provinces	2092	622
武汉物理与数学研究所 Wuhan Inst. of Physics and Mathematics	326	79
武汉岩土力学研究所 Wuhan Inst. of Rock and Soil Mechanics	391	91
测量与地球物理研究所 Inst. of Geodesy and Geophysics	143	42
武汉植物研究所 Wuhan Inst. of Botany	194	72
水生生物研究所 Inst. of Hydrobiology	357	102
武汉病毒研究所 Wuhan Inst. of Virology	209	75

续表 3.2

干部 Cadres							工人 Workers	离、退休人员总数 Total retired personnel
合计 Total	专业技术人员 Professional and technical staff					行政管理人员 Administrative staff		
	小计 Subtotal	高级 Senior	其中：研究员 Of which: Research fellow	中级 Intermediate level	初级及未定 Junior and others			
395	347	129	32	121	97	48	109	127
147	131	48	10	46	37	16	13	48
526	471	152	34	208	111	55	244	287
2640	2397	1151	356	780	466	243	576	665
245	179	50	2	89	40	66	116	214
37	16	21	2	9	1	21	20	
18	2	0	0	2	0	16	24	12
18	2	0	0	2	0	16	24	12
17	9	0	0	8	1	8	22	18
17	9	0	0	8	1	8	22	18
98	45	3	0	27	15	53	249	94
98	45	3	0	27	15	53	249	94
1688	1396	504	141	592	300	292	404	1188
269	224	89	28	101	34	45	57	236
263	228	80	19	83	65	35	128	244
125	112	45	14	41	26	13	18	53
153	126	36	15	58	32	27	41	104
303	262	91	26	114	57	41	54	191
179	156	55	13	76	25	23	30	114

系统及单位 System and unit	正式职工 总　计 Regular staff Total	其中： 女性 Of which: Female
武汉文献情报中心 Wuhan Center for Documentation and Information	85	42
长沙大地构造研究所 Changsha Inst. of Geotectonics	87	19
长沙农业现代化研究所 Changsha Inst. of Agricultural Modernization	130	39
中国科学院武汉分院 CAS Wuhan Branch	170	61
其中：分院机关 Of which:Branch Office	45	12
广东省 Guangdong Province	2015	565
广州化学研究所 Guangzhou Inst. of Chemistry	340	100
广州地球化学研究所 Guangzhou Inst. of Geochemistry	254	88
南海海洋研究所 South China Sea Inst. of Oceanology	463	89
华南植物研究所 South China Inst. of Botany	397	143
广州电子研究所 Guangzhou Inst. of Electronic Technology	271	64
广州能源研究所 Guangzhou Inst. of Energy Conversion	226	63
中国科学院广州分院 CAS Guangzhou Branch	64	18
其中：分院机关 Of which:Branch Office	29	10
四川省 Sichuan Province	3406	1168
成都有机化学研究所 Chengdu Inst. of Organic Chemistry	382	131
成都山地灾害与环境研究所 Chengdu Inst. of Mountain Hazards and Environment	277	83
成都生物研究所 Chengdu Inst. of Biology	371	141
成都计算机应用研究所 Chengdu Inst. of Computer Application	328	93

续表 3.2

干部 Cadres							工人 Workers	离、退休人员总数 Total retired personnel
合计 Total	专业技术人员 Professional and technical staff					行政管理人员 Administrative staff		
	小计 Subtotal	高级 Senior	其中：研究员 Of which: Research fellow	中级 Intermediate level	初级及未定 Junior and others			
82	70	15	2	35	20	12	3	47
74	60	30	12	23	7	14	13	35
106	86	47	11	25	14	20	24	55
134	72	16	1	36	20	62	36	109
43	15	28	1	4	4	28	2	
1718	1466	482	142	580	404	252	297	1293
303	281	58	10	105	118	22	37	241
240	207	110	48	86	11	33	14	191
386	326	132	34	129	65	60	77	264
300	250	61	19	104	85	50	97	286
236	212	54	9	78	80	24	35	180
197	165	54	18	69	42	32	29	93
56	25	13	4	9	3	31	8	38
29	15	14	4	3	2	14	0	
2352	1885	590	146	764	531	467	1054	1856
352	308	107	25	133	68	44	30	248
248	200	84	29	78	38	48	29	136
327	282	98	25	135	49	45	44	211
291	227	50	16	100	77	64	37	110

系统及单位 System and unit	正式职工 总 计 Regular staff Total	其中： 女性 Of which: Female
光电技术研究所 Inst. of Optics and Electronics	1437	462
成都文献情报中心 Chengdu Documentation and Information Center	79	31
成都科学仪器研制中心 Chengdu R&D Center for Scientific Instruments	345	138
中国科学院成都分院 CAS Chengdu Branch	187	89
其中：分院机关 Of which: Branch Office	48	19
云南省、贵州省 Yunnan and Guizhou provinces	1544	500
贵阳地球化学研究所 Guiyang Inst. of Geochemistry	337	96
云南天文台 Yunnan Observatory	273	72
昆明植物研究所 Kunming Inst. of Botany	281	102
西双版纳热带植物园 Xishuangbanna Tropical Botanical Garden	309	112
昆明动物研究所 Kunming Inst. of Zoology	266	89
中国科学院昆明分院 CAS Kunming Branch	78	29
其中：分院机关 Of which: Branch Office	18	7
陕西省 Shaanxi Province	1704	529
陕西天文台 Shaanxi Observatory	578	162
水土保持研究所 Inst. of Soil and Water Conservation	293	88
西安光学精密机械研究所 Xi'an Inst. of Optics and Fine Mechanics	756	258
中国科学院西安分院 CAS Xi'an Branch	77	21
其中：分院机关 Of which: Branch Office	47	21

续表 3.2

干　部 Cadres							工人 Workers	离、退休人员总数 Total retired personnel
合计 Total	专业技术人员 Professional and technical staff					行政管理人员 Administrative staff		
	小计 Subtotal	高级 Senior	其中：研究员 Of which: Research fellow	中级 Intermediate level	初级及未定 Junior and others			
749	632	204	47	210	218	117	688	745
77	57	15	3	21	21	20	2	37
148	102	14	0	55	33	46	197	203
160	77	18	1	32	27	83	27	166
43	9	5	1	3	1	34	5	
1279	1081	377	129	421	283	198	265	848
275	234	108	44	92	34	41	62	190
250	237	85	24	98	54	13	23	81
241	204	77	31	81	46	37	40	211
216	174	29	8	60	85	42	93	215
230	218	74	20	85	59	12	36	99
67	14	4	2	5	5	53	11	52
18	1	17	2	0	0	17	0	
1038	802	307	83	314	181	236	666	844
316	214	52	15	105	57	102	262	221
200	165	89	30	55	21	35	93	147
450	393	147	30	150	96	57	306	446
72	30	19	8	4	7	42	5	30
47	10	7	8	2	7	37		

系统及单位 System and unit	正式职工 总 计 Regular staff Total	其中： 女性 Of which： Female
甘肃省、青海省 Gansu and Qinghai provinces	2847	895
近代物理研究所 Inst. of Modern Physics	698	193
兰州化学物理研究所 Lanzhou Inst. of Chemical Physics	434	145
寒区旱区环境与工程研究所 Cold and Arid Regions Environmental and Engineering Research Institute	762	214
兰州冰川冻土研究所 Lanzhou Inst. of Glaciology and Geocryology	316	77
兰州沙漠研究所 Lanzhou Inst. of Desert Research	241	65
兰州高原大气物理研究所 Lanzhou Inst. of Plateau Atmospheric Physics	205	72
兰州地质研究所 Lanzhou Inst. of Geology	118	32
资源环境科学信息中心 Scientific Information Center for Resources and Environment	105	49
青海盐湖研究所 Qinghai Inst. of Saline Lakes	271	90
西北高原生物研究所 Northwest Inst. of Plateau Biology	176	50
中国科学院兰州分院 CAS Lanzhou Branch	283	122
其中：分院机关 Of which：Branch Office	30	13
新疆维吾尔自治区 Xinjiang Uygur Autonomous Region	1074	374
新疆物理研究所 Xinjiang Inst. of Physics	201	59
乌鲁木齐天文工作站 Ürümqi Astronomic Working Station	66	19
新疆化学研究所 Xinjiang Inst. of Chemistry	133	52
新疆生态与地理研究所 Xinjiang Inst. of Ecology and Geography	376	117
中国科学院新疆分院 CAS Xinjiang Branch	298	127

干 部 Cadres							工人 Workers	离、退休人员总数 Total retired personnel
合计 Total	专业技术人员 Professional and technical staff					行政管理人员 Administrative staff		
	小计 Subtotal	高级 Senior	其中：研究员 Of which: Research fellow	中级 Intermediate level	初级及未定 Junior and others			
2382	1977	738	205	776	463	405	465	1666
575	502	182	47	178	142	73	123	358
366	302	123	30	110	69	64	68	351
659	560	225	67	235	100	99	103	290
271	225	80	23	114	31	46	45	116
206	175	93	23	60	22	31	35	100
182	160	52	21	61	47	22	23	74
108	87	47	19	32	8	21	10	91
88	73	15	3	35	23	15	17	53
218	192	74	20	83	35	26	53	237
153	121	55	19	42	24	32	23	122
215	140	17	0	61	62	75	68	164
30	11	19		7	2	19	0	
899	742	224	39	340	178	157	175	386
179	163	47	10	71	45	16	22	57
62	51	13	1	23	15	11	4	14
122	108	36	4	52	20	14	11	37
341	294	108	23	141	45	47	35	145
195	126	20	1	53	53	69	103	133

系统及单位 System and unit	正式职工 总 计 Regular staff Total	其中： 女性 Of which: Female
其中：分院机关 Of which: Branch Office	56	17
(二)企业单位 Enterprises	2689	998
中国科学院印刷厂 CAS Printing House	794	327
开封印刷厂 Kaifeng Printing House	537	222
中科实业集团(控股)公司 China Sciences Group Co.	720	233
东方科学仪器进出口集团公司 Oriental Scientific Instrument Import and Export Group Co.	186	67
中国科技国际信托投资公司 China S&T International Trust & Investment Co.	103	34
联想集团控股公司 Legend Computer Group Co.	116	36
北京科海高技术集团公司 Beijing Kehai High Technology Group Co.	128	32
中国科技促进经济投资公司 China Scientific Promotion Investment Co.	14	7
深圳科健集团有限公司 Shenzhen Kejian Group Co., Ltd.	37	8
华建电子有限责任公司 Huajian Electronics Co., Ltd.	54	32

干　部 Cadres							工人 Workers	离、退休人员总数 Total retired personnel
合计 Total	专业技术人员 Professional and technical staff					行政管理人员 Administrative staff		
	小计 Subtotal	高级 Senior	其中：研究员 Of which: Research fellow	中级 Intermediate level	初级及未定 Junior and others			
50	16	34	1	2	4	34	6	
1401	1071	242	20	447	382	330	1288	834
144	32	0	0	21	11	112	650	360
77	16	0	0	4	12	61	460	331
590	478	125	15	200	153	112	130	41
172	149	43	1	68	38	23	14	25
102	102	9	1	40	53	0	1	0
114	114	14	0	56	44	0	2	3
111	107	42	1	34	31	4	17	45
13	5	0	0	4	1	8	1	13
25	19	5	1	7	7	6	12	16
53	49	4	1	13	32	4	1	0

3.3 正式职工年龄情况（1999 年）
Age Distribution of CAS Regular Staff：1999

单位：人　　(person)

	合计 Total	30 岁以下 Under 30	30 岁～34 岁 30～34	35 岁～39 岁 35～39	40 岁～44 岁 40～44	45 岁～49 岁 45～49	50 岁～54 岁 50～54	其中：女性 Of which：Female	55 岁～59 岁 55～59	60 岁及以上 60 and over
正式职工总数 Total regular staff	**61681**	**7765**	**9519**	**10802**	**8929**	**9730**	**6545**	**2214**	**7150**	**1241**
科研机构 Research units	47487	5943	7374	8483	6360	7323	5001	1666	5958	1045
支撑机构 Supporting organizations	9604	1204	1371	1546	1828	1640	1065	384	782	168
管理机构 Management organizations	3232	400	444	540	542	621	374	167	285	26
院直属企业 Enterprises directly affiliated to CAS	1358	218	330	233	199	146	105	33	125	2
专业技术人员 Various kinds of professional staff	**40175**	**6132**	**7222**	**7459**	**4479**	**4478**	**3802**	**1690**	**5407**	**1196**
科研机构 Research units	33136	5026	5952	6216	3590	3661	3015	1292	4661	1015
支撑机构 Supporting organizations	4805	783	788	838	612	546	547	262	526	165
管理机构 Management organizations	1211	159	204	229	153	167	172	106	113	14
院直属企业 Enterprises directly affiliated to CAS	1023	164	278	176	124	104	68	30	107	2
高级职称 Senior professionals	**15031**	**47**	**1426**	**2747**	**1503**	**1750**	**1880**	**636**	**4496**	**1182**
科研机构 Research units	12592	45	1289	2334	1230	1420	1426	471	3843	1005
支撑机构 Supporting organizations	1826	2	122	321	183	225	338	115	472	163
管理机构 Management organizations	371	0	7	62	46	71	81	39	92	12
院直属企业 Enterprises directly affiliated to CAS	242	0	8	30	44	34	35	11	89	2

	合计 Total	30 岁以下 Under 30	30 岁～34 岁 30～34	35 岁～39 岁 35～39	40 岁～44 岁 40～44	45 岁～49 岁 45～49	50 岁～54 岁 50～54	其中：女性 Of which: Female	55 岁～59 岁 55～59	60 岁及以上 60 and over
中级职称 Intermediate level professionals	**15992**	**1078**	**4083**	**3507**	**2314**	**2344**	**1766**	**976**	**886**	**14**
科研机构 Research units	13279	926	3352	2926	1866	1947	1456	760	796	10
支撑机构 Supporting organizations	1799	125	499	361	308	257	195	138	52	2
管理机构 Management organizations	492	8	111	108	76	80	86	62	21	2
院直属企业 Enterprises directly affiliated to CAS	422	19	121	112	64	60	29	16	17	0

3.4 正式职工学位和学历情况（1999 年）

CAS Regular Staff, by Academic Degree and Qualification: 1999

单位：人 (person)

	学位 Academic degrees			学历 Academic qualification				
	博士 Ph. D.	硕士 M. S.	学士 Bachelor	研究生 Post graduates	大学 University graduates	大专 Specialized higher school graduates	中专 Specialized secondary school graduates	其他 Others
总计 Total	**3851**	**6414**	**8119**	**11184**	**17923**	**9647**	**4158**	**18769**
科研机构 Research units	3395	5449	6454	9597	14301	7047	3222	13320
支撑机构 Supporting organizations	411	741	1006	1270	2251	1448	563	4072
管理机构 Management organizations	26	73	340	116	809	784	314	1209
院直属企业 Enterprises directly affiliated to CAS	19	151	319	201	562	368	59	168

主要统计指标解释

1. 正式职工

指由本机构直接组织安排工作并支付工资的年末在册各类人员总数。包括固定职工、流动职工、国家有编制的合同制职工。不包括离退休人员和停薪留职人员。

2. 专业技术人员

指聘任了专业技术职务或专业技术职务见习期内的人员。

高级：指研究员、副研究员；教授、副教授；高级工程师；高级农艺师；正、副主任医（药、护、技）师；高级实验师；高级统计师；高级经济师；高级会计师；编审、副编审；译审、副译审；高级（主任）记者；研究馆员、副研究馆员等。

中级：指助理研究员；讲师；工程师；农艺师；主治医（药、护、技）师；实验师；统计师；经济师；会计师；编辑；翻译；记者；馆员等。

初级：指研究实习员；助教；助理工程师、技术员；助理农艺师、农业技术员；医（药、护、技）师、医（药、护、技）士；助理实验师、实验员；助理统计师、统计员；助理经济师；助理会计师、会计员；助理编辑、见习编辑；助理翻译；助理记者；助理馆员、管理员等。

3. 离、退休人员总数

指历年由本机构离、退休，并在本机构领取离、退休费的人员。

4. 学位和学历

指由人事部门或干部部门根据国家有关规定，填报的本机构职工总数中人员的学位和学历情况（均指获得的最高学位和最高学历）。

Explanatory Notes on Key Indicators

1. Regular staff

Regular staff refers to persons who are on the year end payroll, working directly under the management of an institution or unit and receiving remuneration for their work. It includes permanent staff, temporary staff, contract personnel and invited personnel. The retired and those who retain their posts with pay temporarily suspended are not included.

2. Professional and technical staff

This refers to those who have acquired professional or technical titles or who are in the probation period of those titles.

Senior: research fellow and associate research fellow, professor and associate professor, senior engineer, senior agronomist, chief (and associate chief) physician (pharmacist, nurse and technician), senior laboratorian, senior statistician, senior economist, senior accountant, senior editor and associate senior editor, translation editor and associate translation editor, senior journalist, senior librarian and associate librarian, and so on.

Intermediate level: research associate, lecturer, engineer, agronomist, physician (pharmacist, nurse and technician) in charge, laboratorian, statistician, economist, accountant, editor, translator, journalist, librarian, and so on.

Junior: research assistant, teaching assistant, assistant engineer, technician, assistant agronomist, agrotechnician, physician (pharmacist, nurse and technician), assistant laboratorian, laboratory technician, assistant physician (pharmacist, nurse and technician), assistant statistician, statistical clerk, assistant economist, assistant accountant, accounting clerk, assistant editor, assistant translator, assistant journalist, library assistant, library clerk, and so on.

3. Total retired personnel

Total retired personnel refers to the total number of staff who retired from CAS and draw their pension from CAS.

4. Academic degrees and qualifications

This heading reflects the basic status of academic degrees and qualifications of the staff in a particular institution or unit, compiled by the personnel department according to relevant state regulations, and only the highest academic degrees and qualifications are recorded.

四、经费、基本建设

FUNDS AND CAPITAL CONSTRUCTION

4.1 科学事业单位总经费收入、支出情况

Total Income and Expenditure of CAS Scientific Institutions

单位：万元 (ten thousand yuan)

年份 Year	经费收入合计 Total income	比上年增长（%） Percentage of increase to that of last year	经费支出合计 Total expenditure	比上年增长（%） Percentage of increase to that of last year
1986	89572	—	87591	13.0
1987	101817	13.7	93382	6.6
1988	126570	24.3	104103	11.5
1989	131026	3.5	115530	11.0
1990	149252	13.9	132041	14.3
1991	151004	1.2	145579	10.3
1992	188906	25.1	191372	31.5
1993	240277	27.2	237560	24.1
1994	290668	21.0	277266	16.7
1995	322500	11.0	313395	13.0
1996	324959	0.8	330587	5.5
1997	408797	25.8	364661	10.3
1998	493598	20.7	367110	0.7
1999	545206	10.5	426170	16.1

注：1. 表 4 以中国科学院财务决算口径统计。
Note：Table 4 is based on the specifications for CAS final financial accounts.

2. 1997 年起开始执行国家颁布的《科学事业单位财务制度》。
Since 1997，“the Financial System for Scientific Institutions” issued by the State has been implemented.

4.2 科学事业单位
Total Income of CAS

单位：万元

系统及单位 System and institute	合计 Total	财政补助收入 Financial subsidiary income	创新工程专款 Special funds for Innovation	拨入专款 Special funds allocated
总计 Total	**545206**	**310704**	**124091**	**10715**
一、科研机构 Research units	468514	271194	111319	7180
数学、物理 Mathematics & physics	86759	62007	22708	1031
化学与化工 Chemistry & chemical engineering	72420	38108	15994	951
地学 Earth sciences	61990	39144	14870	1786
生物学 Biological sciences	91090	58979	24803	1607
技术科学 Technological sciences	154821	71932	32944	1757
其他 Others	1434	1024		48
二、支撑机构 Supporting organizations	37285	16262	2707	1046
教育培干 Education & cadre training	12476	6790	2111	283
图书、情报、出版 Library, information & publication	7781	6248	200	97
科学仪器研制 Scientific instrument development	8291	1563	396	651
基本建设 Capital construction	1582	64		4
服务与福利 Service & welfare	6971	1597		11
其他 Others	184			
三、管理机构 Management organizations	39407	23248	10065	2489
中国科学院本部 CAS Head Office	23923	13971	9118	280
地区管理部门 CAS Branches	15484	9277	947	2209

总经费收入情况（1999 年）

Scientific Institutions：1999

(ten thousand yuan)

事业收入 Operating income	科研收入 Scientific research income	技术收入 Technical income	试制产品收入 Trial-production income	预算外资金收入 Income from non-budgetary funds	经营收入 Business income	其他收入 Other income
178297	**132751**	**23832**	**7428**	**11198**	**17218**	**28272**
167537	128970	21092	6281	8271	11226	11377
20769	16524	3098	94	681	1787	1165
30603	18482	5241	4743	1993	1443	1315
18939	17340	845		398	866	1255
26714	20349	3388	388	789	1407	2383
70165	55928	8520	1056	4410	5721	5246
347	347				2	13
9287	3349	2475	1147	2151	5152	5538
5059	3242	181		1636	225	119
479	82	175		57	753	204
2138	25	739	1147	227	3650	289
1380		1380				134
231				231	524	4608
						184
1473	432	265		776	840	11357
385	140	237		8		9287
1088	292	28		768	840	2070

4.3 科学事业单位（科研机构）

Total Income of CAS Scientific Institutions,

单位：万元

系统及单位 System and institute	合 计 Total	财政补助收入 Financial subsidiary income	拨入专款 Special funds allocated
北京市 Beijing	192927	115495	2130
数学与系统科学研究院 Academy of Mathematics & System Sciences	6509	5695	124
数学研究所 Inst. of Mathematics	857	646	31
应用数学研究所 Inst. of Applied Mathematics	3669	3500	24
系统科学研究所 Inst. of Systems Science	1230	894	48
计算数学与科学工程计算所 Inst. of Computational Mathematics and Scientific/Engineering Computing	753	655	21
物理研究所 Inst. of Physics	8959	7495	34
声学研究所 Inst. of Acoustics	7161	2565	80
理论物理研究所 Inst. of Theoretical Physics	1736	1552	42
低温技术实验中心 Cryogenic Laboratory	3079	2661	12
高能物理研究所 Inst. of High Energy Physics	14223	11811	180
北京天文台 Beijing Astronomical Observatory	5038	3693	52
力学研究所 Inst. of Mechanics	7085	3578	149
化学研究所 Inst. of Chemistry	8623	5631	61
感光化学研究所 Inst. of Photographic Chemistry	2637	1350	19
生态环境研究中心 Research Center for Eco-Environmental Sciences	4351	2881	30
化工冶金研究所 Inst. of Chemical Metallurgy	2944	1875	55

总经费收入情况（1999年）
by Research Institute：1999

（ten thousand yuan）

事业收入 Operating income	科研收入 Scientific research income	技术收入 Technical income	试制产品收入 Trial-production income	预算外资金收入 Income from non-budgetary funds	经营收入 Business income	其他收入 Other income
65822	54531	4868	747	4938	5579	3901
589	574				78	23
159	159				21	
145	145					
265	265				18	5
20	5				39	18
1095	949			43	215	120
3804	3042	312	49	401	520	192
141	141					1
372	293	79				34
1670	1655	8			365	197
1126	1102				65	102
3109	2800	171	45	90	121	128
2782	2400			382	37	112
1230	1156	10	64			38
1273	844	342		10	83	84
772	763	2		5	119	123

系统及单位 System and institute	合　计 Total	财政补助收入 Financial subsidiary income	拨入专款 Special funds allocated
地理研究所 Inst. of Geography	5761	3811	151
遥感应用研究所 Inst. of Remote Sensing Application	4699	2462	40
地质研究所 Inst. of geology	6235	4884	44
地球物理研究所 Inst. of Geophysics	2812	1282	78
古脊椎动物与古人类研究所 Inst. of Vertebrate Paleontology and Paleoanthropology	1588	623	27
大气物理研究所 Inst. of Atmospheric Physics	4350	3194	95
自然资源综合考察委员会 Commission for Integrated Surveys of Natural Resources	2899	1555	79
植物研究所 Inst. of Botany	6014	4180	48
动物研究所 Inst. of Zoology	4928	3553	57
心理研究所 Inst. of Psychology	823	476	16
微生物研究所 Inst. of Microbiology	4424	2283	38
生物物理研究所 Inst. of Biophysics	4997	3239	110
遗传研究所 Inst. of Genetics	6081	4191	89
发育生物学研究所 Inst. of Developmental Biology	1349	829	15
计算技术研究所 Inst. of Computing Technology	6246	4470	52
软件研究所 Inst. of Software	6574	2733	41
北京软件工程研制中心 Beijing Software Engineering Center	1947	17	2
计算机网络信息中心 Computer Network Information Center	3530	895	5
半导体研究所 Inst. of Semiconductors	8977	4560	60

事业收入 Operating income	科研收入 Scientific research income	技术收入 Technical income	试制产品收入 Trial-production income	预算外资金收入 Income from non-budgetary funds	经营收入 Business income	其他收入 Other income
1686	1650			36	19	94
2122	2013			109	38	37
1305	1295			10		2
680	660					772
880	566				50	8
1021	1020				20	20
1224	1224				33	8
1773	1397	316				13
1160	1157	3			92	66
314	314				7	10
2006	1699	307			47	50
1353	1319	6			63	232
1688	1674		14		113	
325	325				157	23
1283	529	712			357	84
3087	2533	373		181	509	204
1912	287	1625				16
2574	24			2550	43	13
3668	2786	210	179	493	459	230

系统及单位 System and institute	合　计 Total	财政补助收入 Financial subsidiary income	拨入专款 Special funds allocated
微电子中心 Microelectronics R&D Center	5210	1938	58
电子学研究所 Inst. of Electronics	7893	2888	22
自动化研究所 Inst. of Automation	3219	2021	30
电工研究所 Inst. of Electric Engineering	5295	2486	45
工程热物理研究所 Inst. of Engineering Thermophysics	2598	1473	17
空间科学与应用研究中心 Center for Space Science and Applied Research	7149	1292	19
遥感卫星地面站 Remote Sensing Satellite Ground Station	3550	2349	6
自然科学史研究所 Inst. of History of Natural Sciences	638	485	40
科技政策与管理科学研究所 Inst. of Science Policy and Management	796	539	8
河北省 Hebei Province	688	377	3
石家庄农业现代化研究所 Shijiazhuang Inst. of Agricultural Modernization	688	377	3
山西省 Shanxi Province	3288	2004	59
山西煤炭化学研究所 Shanxi Inst. of Coal Chemistry	3288	2004	59
辽宁省、山东省 Liaoning and Shandong provinces	40718	22128	300
大连化学物理研究所 Dalian Inst. of Chemical Physics	12330	6225	70
沈阳应用生态研究所 Shenyang Inst. of Applied Ecology	2423	1859	20
沈阳计算技术研究所 Shenyang Inst. of Computing Technology	812	571	5
沈阳自动化研究所 Shenyang Inst. of Automation	8122	3940	12
金属研究所 Inst. of Metals Research	10281	6038	38

续表 4.3

事业收入 Operating income	科研收入 Scientific research income	技术收入 Technical income	试制产品收入 Trial-production income	预算外资金收入 Income from non-budgetary funds	经营收入 Business income	其他收入 Other income
1297	1297				1755	162
4842	4418	2	396		26	115
993	829	148			30	145
2649	2518	41		90	15	100
941	941				86	81
5620	5620				29	189
1109	370	201		538	26	60
113	113					
234	234				2	13
276	270			6	31	1
276	270			6	31	1
1097	1031			66		128
1097	1031			66		128
17926	12905	4513	394		54	310
5914	4147	1393	368		20	101
469	469					75
236	85	151				
4170	2298	1872				
4205	3053	1044				

系统及单位 System and institute	合　计 Total	财政补助收入 Financial subsidiary income	拨入专款 Special funds allocated
金属腐蚀与防护研究所 Inst. of Corrosion and Protection of Metals	1495	511	10
海洋研究所 Inst. of Oceanology	5255	2984	145
吉林省、黑龙江省 Jilin and Heilongjiang provinces	24178	12971	244
长春物理研究所 Changchun Inst. of Physics	1859	1261	43
长春人造卫星观测站 Changchun Satellite Observation Station	205	110	
长春应用化学研究所 Changchun Inst. of Applied Chemistry	6694	3824	115
长春地理研究所 Changchun Inst. of Geography	1429	976	36
长春光学精密机械研究所 Changchun Inst. of Optics and Fine Mechanics	13587	6486	43
黑龙江农业现代化研究所 Heilongjiang Inst. of Agricultural Modernization	404	314	7
上海市、福建省 Shanghai，Fujian Province	95110	53127	1161
上海原子核研究所 Shanghai Inst. of Nuclear Research	4447	3118	54
上海天文台 Shanghai Observatory	2899	1680	28
上海硅酸盐研究所 Shanghai Inst. of Ceramics	11764	3716	64
上海有机化学研究所 Shanghai Inst. of Organic Chemistry	8480	4944	70
上海植物生理研究所 Shanghai Inst. of Plant Physiology	3075	2076	47
上海昆虫研究所 Shanghai Inst. of Entomology	607	329	13
上海药物研究所 Shanghai Inst. of Materia Medica	6828	3768	465
上海生理研究所 Shanghai Inst. of Physiology	1767	1027	31
上海生物化学研究所 Shanghai Inst. of Biochemistry	3717	2485	57

续表 4.3

事业收入 Operating income	科研收入 Scientific research income	技术收入 Technical income	试制产品收入 Trial-production income	预算外资金收入 Income from non-budgetary funds	经营收入 Business income	其他收入 Other income
974	943	5	26			
1958	1910	48			34	134
10073	9388	4		677	805	85
465	464			1	83	7
95	95					
2738	2242			496	17	
417	417					
6279	6095	3		180	705	74
79	75	1				4
34365	21224	6955	4672	1441	2486	3971
1113	401	712			161	1
1109	1109				69	13
7482	2491	587	4306	83	280	222
2862	1428	846	5	544	333	271
775	726			36	26	151
150	144	5		1	103	12
2481	1812	323		345	68	46
603	544	14		45	43	63
1061	901	152		8	76	38

系统及单位 System and institute	合 计 Total	财政补助收入 Financial subsidiary income	拨入专款 Special funds allocated
上海细胞生物学研究所 Shanghai Inst. of Cell Biology	4443	1825	38
上海脑研究所 Shanghai Inst. of Brain Research	7148	6770	13
上海生物工程研究中心 Shanghai Bioengineering Research Center	2770	1753	11
上海冶金研究所 Shanghai Inst. of Metallurgy	10448	7588	81
上海光学精密机械研究所 Shanghai Inst. of Optics and Fine Mechanics	10147	5867	75
上海技术物理研究所 Shanghai Inst. of Technical Physics	13391	5030	76
福建物质结构研究所 Fujian Inst. of Research on the Structure of Matter	3179	1151	38
江苏省 Jiangsu Province	12903	8112	140
紫金山天文台 Purple Mountain Observatory	4798	2862	28
南京地理与湖泊研究所 Nanjing Inst. of Geography and Limnology	2008	1382	23
南京地质古生物研究所 Nanjing Inst. of Geology and Palaeontology	3007	2133	39
南京土壤研究所 Nanjing Inst. of Soil Science	3090	1735	50
安徽省 Anhui Province	8695	5841	125
固体物理研究所 Inst. of Solid State Physics	1206	1066	18
等离子体物理研究所 Inst. of Plasma Physics	2997	2492	36
合肥智能机械研究所 Hefei Inst. of Intelligent Machines	960	259	9
安徽光学精密机械研究所 Anhui Inst. of Optics and Fine Mechanics	3532	2024	62
湖北省、湖南省 Hubei and Hunan provinces	12780	7991	146
武汉物理与数学研究所 Wuhan Inst. of Physics and Mathematics	2914	2159	29

事业收入 Operating income					经营收入 Business income	其他收入 Other income
	科研收入 Scientific research income	技术收入 Technical income	试制产品收入 Trial-production income	预算外资金收入 Income from non-budgetary funds		
2241	411	1613		217	125	214
313	307			6	1	51
762	598	93	8	63	206	38
2158	1708	147	248	55	236	385
3502	2831	671			469	234
6107	5562	406	105	34	59	2119
1646	251	1386		4	231	113
3838	3426	187			332	481
1708	1514				16	184
588	477	108			8	7
613	586	26			204	18
929	849	53			104	272
2185	1500	332		345	514	30
118	35			83		4
469	406			63		
394	208	21		165	289	9
1204	851	311		34	225	17
4302	2223	1987		26	25	316
695	669				17	14

系统及单位 System and institute	合 计 Total	财政补助收入 Financial subsidiary income	拨入专款 Special funds allocated
武汉岩土力学研究所 Wuhan Inst. of Rock and Soil Mechanics	2751	669	14
测量与地球物理研究所 Inst. of Geodesy and Geophysics	888	810	14
武汉植物研究所 Wuhan Inst. of Botany	858	553	20
水生生物研究所 Inst. of Hydrobiology	3291	2501	20
武汉病毒研究所 Wuhan Inst. of Virology	1165	720	21
长沙大地构造研究所 Changsha Inst. of Geotectonics	391	255	20
长沙农业现代化研究所 Changsha Inst. of Agricultural Modernization	522	324	8
广东省 Guangdong Province	17244	6495	2098
广州化学研究所 Guangzhou Inst. of Chemistry	2046	654	252
广州地球化学研究所 Guangzhou Inst. of Geochemistry	2612	1692	276
南海海洋研究所 South China Sea Inst. of Oceanology	4022	1695	393
华南植物研究所 South China Inst. of Botany	3142	1275	310
广州电子研究所 Guangzhou Inst. of Electronic Technology	2471	423	198
广州能源研究所 Guangzhou Inst. of Energy Conversion	2951	756	669
四川省 Sichuan Province	16078	6301	118
成都有机化学研究所 Chengdu Inst. of Organic Chemistry	1522	652	19
成都山地灾害与环境研究所 Chengdu Inst. of Mountain Hazards and Environment	1702	943	17
成都生物研究所 Chengdu Inst. of Biology	2944	1578	5
成都计算机应用研究所 Chengdu Inst. of Computer Application	2485	355	3

续表 4.3

事业收入 Operating income					经营收入 Business income	其他收入 Other income
	科研收入 Scientific research income	技术收入 Technical income	试制产品收入 Trial-production income	预算外资金收入 Income from non-budgetary funds		
2068	253	1815				
31	28	3			8	25
270	115	96		23		15
769	745	24				1
217	174	43				207
115	108			3		1
137	131	6				53
7868	5446	1457	366	228	434	349
996	528	468			123	21
628	620	4		1		16
1772	991	612		169	142	20
1521	569	223	366			36
1485	1433	52			156	209
1466	1305	98		58	13	47
8230	7608	552		39	285	1144
691	495	161		35	102	58
711	711				22	9
848	844			4	29	484
2075	2044				12	40

系统及单位 System and institute	合　计 Total	财政补助收入 Financial subsidiary income	拨入专款 Special funds allocated
光电技术研究所 Inst. of Optics and Electronics	7425	2773	74
云南省、贵州省 Yunnan and Guizhou provinces	13943	8778	305
云南天文台 Yunnan Observatory	1488	1186	24
昆明植物研究所 Kunming Inst. of Botany	3578	2291	33
昆明动物研究所 Kunming Inst. of Zoology	2847	2146	16
西双版纳热带植物园 Xishuangbanna Tropical Botanical Garden	3423	1514	28
贵阳地球化学研究所 Guiyang Inst. of Geochemistry	2607	1641	204
陕西省 Shaanxi Province	9196	6199	73
陕西天文台 Shaanxi Observatory	1960	1677	22
水土保持研究所 Inst. of Soil and Water Conservation	2710	2333	6
西安光学精密机械研究所 Xi'an Inst. of Optics and Fine Mechanics	4526	2189	45
甘肃省、青海省 Gansu and Qinghai provinces	17180	13123	233
近代物理研究所 Inst. of Modern Physics	4310	3906	48
兰州化学物理研究所 Lanzhou Inst. of Chemical Physics	2986	2110	45
寒区旱区环境与工程研究所 Cold and Arid Regions Environmental and Engineering Research Institute	6636	4778	68
兰州冰川冻土研究所 Lanzhou Inst. of Glaciology and Geocryology	2118	1360	38
兰州沙漠研究所 Lanzhou Inst. of Desert Research	1726	996	19
兰州高原大气物理研究所 Lanzhou Inst. of Plateau Atmospheric Physics	2792	2422	11
兰州地质研究所 Lanzhou Inst. of Geology	1043	785	14

续表 4.3

事业收入 Operating income	科研收入 Scientific research income	技术收入 Technical income	试制产品收入 Trial-production income	预算外资金收入 Income from non-budgetary funds	经营收入 Business income	其他收入 Other income
3905	3514	391			120	553
4547	3107	135		36	51	262
273	273					5
1158	1146	12				96
667	632			35		18
1745	378	98			51	85
704	678	25		1		58
2572	2388	36	102	32	102	250
192	192					69
350	350					21
2030	1846	36	102	32	102	160
3202	2692	65		435	504	118
240	240				68	48
759	346	45		368	72	
1545	1516	19			235	10
591	574	17			124	5
666	654	2			40	5
288	288					71
193	126			67	43	8

系统及单位 System and institute	合计 Total	财政补助收入 Financial subsidiary income	拨入专款 Special funds allocated
青海盐湖研究所 Qinghai Inst. of Saline Lakes	1171	869	46
西北高原生物研究所 Northwest Inst. of Plateau Biology	1034	675	12
新疆维吾尔自治区 Xinjiang Uygur Autonomous Region	3586	2252	45
新疆物理研究所 Xinjiang Inst. of Physics	601	316	11
乌鲁木齐天文工作站 Ürümqi Astronomic Working Station	534	455	3
新疆化学研究所 Xinjiang Inst. of Chemistry	405	222	8
新疆生态与地理研究所 Xinjiang Inst. of Ecology and Geography	2046	1259	23

注：1. "财政补助收入"含国外到货转账 296 万元、世界银行贷款转账 1693 万元。

Note: Financial subsidiary income include 2.96 million yuan paid to the purchase from abroad and 16.93 million yuan of the

2. 除"财政补助收入"外，其他各项收入均不含本单位转拨外单位经费。

Except the financial subsidiary income, all other incomes do not include funds allocated by the institution to other units.

续表 4.3

事业收入 Operating income	科研收入 Scientific research income	技术收入 Technical income	试制产品收入 Trial-production income	预算外资金收入 Income from non-budgetary funds	经营收入 Business income	其他收入 Other income
191	190	1			21	44
274	274				65	8
1234	1231	1		2	24	31
269	268	1				5
49	49				9	18
170	170				5	
746	744			2	10	8

World Bank loans.

4.4 科学事业单位

Total Expenditure of CAS

单位：万元

系统及单位 System and institute	合计 Total	人员支出 Personnel expenditure	基本工资 Basic salary	补助工资 Subsidiary salary
总计 Total	**426170**	**129936**	**31626**	**25480**
一、按系统分 By system				
（一）科研机构 Research units	366452	111432	27589	22572
数学、物理 Mathematics & physics	67398	20948	5129	4540
化学与化工 Chemistry & chemical engineering	60095	18778	4889	3152
地学 Earth sciences	47324	14860	4020	2975
生物学 Biological sciences	64623	21364	4872	4866
技术科学 Technological sciences	125880	35031	8565	6890
其他 Others	1132	451	114	149
（二）支撑机构 Supporting organizations	34651	11927	2405	1767
教育培干 Education & cadre training	9673	2388	435	366
图书、情报、出版 Library，information & publication	7838	2124	491	362
科学仪器研制 Scientific instrument development	8203	3705	908	478
基本建设 Capital construction	1470	417	87	75
服务与福利 Service & welfare	7315	3258	475	479
其他 Others	152	35	9	7
（三）管理机构 Management organizations	25067	6577	1632	1141
中国科学院本部 CAS Head Office	11488	2260	495	325

总经费支出情况（1999 年）

Scientific Institutions：1999

(ten thousand yuan)

其他工资 Other salaries	社会保障费 Social security expenditure	公用支出 Public expenditure	公务费 Official business spending	业务费 Expenditure for professional activity	设备购置费 Expenditure for purchasing equipment	修缮费 Renovation fees	结转自筹基建 Balanced and transferred self-raised capital construction funds	专款支出 Designated expenditure
14522	**44785**	**285756**	**29223**	**169269**	**51375**	**16622**	**7395**	**10478**
11720	38032	247926	22781	150704	45493	12864	7223	7094
2521	6617	45080	3777	27001	7678	2527	2845	1370
2124	6412	40328	3455	23737	7539	2717	1104	989
958	5470	30735	4270	18927	5593	906	10	1729
1815	7427	41676	4467	23073	8830	1996	1467	1583
4283	11963	89475	6624	57674	15752	4709	1797	1374
19	143	632	188	292	101	9		49
2336	4099	21822	4352	9546	5058	2160	30	902
567	558	7009	587	4291	1657	288		276
268	838	5616	370	2191	2895	31	30	98
480	1537	3983	1088	2166	223	282		515
16	196	1049	62	654	133	118		4
995	967	4048	2178	235	142	1410		9
10	3	117	67	9	8	31		
466	2654	16008	2090	9019	824	1598	142	2482
67	1078	8767	975	6118	38	1052		461

系统及单位 System and institute	合　计 Total	人员支出 Personnel expenditure	基本工资 Basic salary	补助工资 Subsidiary salary
地区管理部门 CAS Branches	13579	4317	1137	816
二、按科研单位分 By institute				
北京市 Beijing	151343	42740	9920	8299
数学与系统科学研究院 Academy of Mathematics & System Sciences	3720	1283	300	309
数学研究所 Inst. of Mathematics	813	318	101	63
应用数学研究所 Inst. of Applied Mathematics	1412	476	77	102
系统科学研究所 Inst. of Systems Science	976	275	79	82
计算数学与科学工程计算所 Inst. of Computational Mathematics and Scientific/Engineering Computing	519	214	43	62
物理研究所 Inst. of Physics	6227	1939	302	265
声学研究所 Inst. of Acoustics	6877	1769	528	340
理论物理研究所 Inst. of Theoretical Physics	1227	242	42	46
低温技术实验中心 Cryogenic Laboratory	2169	621	102	64
高能物理研究所 Inst. of High Energy Physics	10999	3400	868	790
北京天文台 Beijing Astronomical Observatory	3329	882	82	282
力学研究所 Inst. of Mechanics	5690	1422	291	383
化学研究所 Inst. of Chemistry	6248	1744	348	258
感光化学研究所 Inst. of Photographic Chemistry	2402	916	244	217
生态环境研究中心 Research Center for Eco-Environmental Sciences	2741	885	344	163

续表 4.4

其他工资 Other salaries	社会保障费 Social security expenditure	公用支出 Public expenditure	公务费 Official business spending	业务费 Expenditure for professional activity	设备购置费 Expenditure for purchasing equipment	修缮费 Renovation fees	结转自筹基建 Balanced and transferred self-raised capital construction funds	专款支出 Designated expenditure
399	1576	7241	1115	2901	786	546	142	2021
4854	15136	106175	10175	65815	20516	4381	3048	2428
232	300	2144	206	1394	424	101		293
1	99	467	49	320	89	2		28
227	42	819	83	415	234	82		117
	72	575	55	441	70	2		126
4	87	283	19	218	31	15		22
511	644	4238	243	2823	863	144	78	50
222	565	4991	236	2256	846	198	1385	117
60	35	944	33	699	208	3		41
100	187	1536	304	440	209	251	300	12
478	1022	7299	342	4614	1446	372	350	300
27	353	2395	203	1508	348	107	221	52
15	602	4112	543	2503	502	304	225	156
301	585	4443	502	2449	892	355		61
80	200	1468	209	867	294	34		18
13	256	1811	255	1197	186	134		45

系统及单位 System and institute	合 计 Total	人员支出 Personnel expenditure	基本工资 Basic salary	补助工资 Subsidiary salary
化工冶金研究所 Inst. of Chemical Metallurgy	2524	985	238	173
地理研究所 Inst. of Geography	4159	1557	423	272
遥感应用研究所 Inst. of Remote Sensing Application	3517	582	173	147
地质研究所 Inst. of geology	3191	755	189	185
地球物理研究所 Inst. of Geophysics	2894	596	206	156
古脊椎动物与古人类研究所 Inst. of Vertebrate Paleontology and Paleoanthropology	1641	678	104	137
大气物理研究所 Inst. of Atmospheric Physics	3204	942	212	248
自然资源综合考察委员会 Commission for Integrated Surveys of Natural Resources	2695	604	163	164
植物研究所 Inst. of Botany	4818	1645	328	449
动物研究所 Inst. of Zoology	3488	1285	266	354
心理研究所 Inst. of Psychology	783	390	79	83
微生物研究所 Inst. of Microbiology	3202	1184	322	213
生物物理研究所 Inst. of Biophysics	2836	1383	311	212
遗传研究所 Inst. of Genetics	3739	788	184	206
发育生物学研究所 Inst. of Developmental Biology	934	326	57	100
计算技术研究所 Inst. of Computing Technology	6056	2041	344	78
软件研究所 Inst. of Software	4940	1240	219	176
北京软件工程研制中心 Beijing Software Engineering Center	1873	216	67	82

续表 4.4

其他工资 Other salaries	社会保障费 Social security expenditure	公用支出 Public expenditure	公务费 Official business spending	业务费 Expenditure for professional activity	设备购置费 Expenditure for purchasing equipment	修缮费 Renovation fees	结转自筹基建 Balanced and transferred self-raised capital construction funds	专款支出 Designated expenditure
39	429	1499	402	798	171	103		40
82	608	2437	173	1846	312	23		165
59	91	2884	204	2248	346	48		51
4	325	2392	349	1489	438	65		44
24	169	2228	277	836	1049	42		70
83	303	938	117	557	187	61		25
62	283	2213	420	1079	573	115		49
46	189	2003	200	1595	162	10		88
194	605	3135	561	1043	906	305		38
5	507	2155	501	1255	317	75		48
39	131	373	46	256	62	6		20
56	480	1971	315	1236	360	35		47
174	515	1360	259	704	243	9		93
14	307	2854	220	1908	646	55		97
26	100	595	118	364	55	52		13
520	969	3984	208	2257	954	380	80	31
289	328	3656	273	2471	659	182		44
	20	1655	75	1329	191	52		2

系统及单位 System and institute	合　计 Total	人员支出 Personnel expenditure	基本工资 Basic salary	补助工资 Subsidiary salary
计算机网络信息中心 Computer Network Information Center	4026	178	50	50
半导体研究所 Inst. of Semiconductors	6629	2428	336	349
微电子中心 Microelectronics R&D Center	5826	1378	755	49
电子学研究所 Inst. of Electronics	6494	1584	346	292
自动化研究所 Inst. of Automation	2234	902	123	134
电工研究所 Inst. of Electric Engineering	4150	1061	254	149
工程热物理研究所 Inst. of Engineering Thermophysics	1913	587	155	99
空间科学与应用研究中心 Center for Space Science and Applied Research	7068	1519	339	387
遥感卫星地面站 Remote Sensing Satellite Ground Station	3748	352	112	89
自然科学史研究所 Inst. of History of Natural Sciences	525	269	60	86
科技政策与管理科学研究所 Inst. of Science Policy and Management	607	182	54	63
河北省 　Hebei Province	923	332	77	94
石家庄农业现代化研究所 Shijiazhuang Inst. of Agricultural Modernization	923	332	77	94
山西省 　Shanxi Province	2853	1069	276	227
山西煤炭化学研究所 Shanxi Inst. of Coal Chemistry	2853	1069	276	227
辽宁省、山东省 　Liaoning and Shandong provinces	32859	10103	2102	2424
大连化学物理研究所 Dalian Inst. of Chemical Physics	10085	2360	498	187
沈阳应用生态研究所 Shenyang Inst. of Applied Ecology	2028	809	167	176

其他工资 Other salaries	社会保障费 Social security expenditure	公用支出 Public expenditure	公务费 Official business spending	业务费 Expenditure for professional activity	设备购置费 Expenditure for purchasing equipment	修缮费 Renovation fees	结转自筹基建 Balanced and transferred self-raised capital construction funds	专款支出 Designated expenditure
	49	3839	72	2917	761	20		9
544	971	4148	242	3123	425	39	203	53
	458	4390	185	2253	1751	168		58
78	762	4883	285	4127	360	59		27
72	458	1307	119	593	389	198		25
175	419	3035	176	2399	380	65		54
109	121	1306	150	803	271	40		20
60	571	5530	811	3752	844	29	30	19
42	76	3392	153	1535	1385	133	176	4
18	96	218	51	91	35	5		38
1	47	414	137	201	66	4		11
1	138	588	165	296	102	8		3
1	138	588	165	296	102	8		3
62	417	1725	64	951	408	78		59
62	417	1725	64	951	408	78		59
943	3542	22488	3057	13087	3844	1871		268
514	944	7655	457	4205	1870	758		70
	384	1199	269	527	241	94		20

系统及单位 System and institute	合计 Total	人员支出 Personnel expenditure	基本工资 Basic salary	补助工资 Subsidiary salary
沈阳计算技术研究所 Shenyang Inst. of Computing Technology	793	531	88	54
沈阳自动化研究所 Shenyang Inst. of Automation	6503	1599	251	665
金属研究所 Inst. of Metals Research	7566	2536	582	828
金属腐蚀与防护研究所 Inst. of Corrosion and Protection of Metals	1497	405	138	89
海洋研究所 Inst. of Oceanology	4387	1863	378	425
吉林省、黑龙江省 Jilin and Heilongjiang provinces	19972	7008	1973	1132
长春物理研究所 Changchun Inst. of Physics	1571	702	223	78
长春人造卫星观测站 Changchun Satellite Observation Station	167	75	37	25
长春应用化学研究所 Changchun Inst. of Applied Chemistry	6264	2027	694	125
长春地理研究所 Changchun Inst. of Geography	1099	399	72	140
长春光学精密机械研究所 Changchun Inst. of Optics and Fine Mechanics	10433	3651	880	749
黑龙江农业现代化研究所 Heilongjiang Inst. of Agricultural Modernization	438	154	67	15
上海市、福建省 Shanghai，Fujian Province	67514	19054	4285	4979
上海原子核研究所 Shanghai Inst. of Nuclear Research	3797	1253	227	444
上海天文台 Shanghai Observatory	2544	807	169	249
上海硅酸盐研究所 Shanghai Inst. of Ceramics	10140	2596	594	684
上海有机化学研究所 Shanghai Inst. of Organic Chemistry	6543	1902	527	521
上海植物生理研究所 Shanghai Inst. of Plant Physiology	2455	968	201	222

续表 4.4

其他工资 Other salaries	社会保障费 Social security expenditure	公用支出 Public expenditure	公务费 Official business spending	业务费 Expenditure for professional activity	设备购置费 Expenditure for purchasing equipment	修缮费 Renovation fees	结转自筹基建 Balanced and transferred self-raised capital construction funds	专款支出 Designated expenditure
5	360	257	108	23	57	65		5
145	360	4892	410	3680	460	337		12
149	687	4992	932	2797	671	528		38
23	105	1080	145	686	192	36		12
107	702	2413	736	1169	353	53		111
309	3139	12758	1433	8471	1343	730	270	206
41	316	833	220	355	132	68		36
	11	92	25	36	14	4	12	
84	877	4148	593	2285	603	101	248	89
	167	666	131	372	110	35	10	34
184	1701	6742	395	5323	401	501		40
	67	277	69	100	83	21		7
2976	4415	47283	2662	26796	9795	2720	2085	1177
137	325	2490	300	1267	245	210		54
151	169	1709	67	1278	180	166		28
538	490	7481	236	5896	462	303	479	63
174	346	4570	187	2182	1599	439		71
178	221	1436	66	896	403	50		51

系统及单位 System and institute	合　计 Total	人员支出 Personnel expenditure	基本工资 Basic salary	补助工资 Subsidiary salary
上海昆虫研究所 Shanghai Inst. of Entomology	578	341	83	119
上海药物研究所 Shanghai Inst. of Materia Medica	4438	1322	346	377
上海生理研究所 Shanghai Inst. of Physiology	1280	481	80	130
上海生物化学研究所 Shanghai Inst. of Biochemistry	2968	1081	299	244
上海细胞生物学研究所 Shanghai Inst. of Cell Biology	3522	839	184	204
上海脑研究所 Shanghai Inst. of Brain Research	1316	235	42	66
上海生物工程研究中心 Shanghai Bioengineering Research Center	2480	417	82	196
上海冶金研究所 Shanghai Inst. of Metallurgy	6273	1944	521	243
上海光学精密机械研究所 Shanghai Inst. of Optics and Fine Mechanics	6235	1807	318	446
上海技术物理研究所 Shanghai Inst. of Technical Physics	9649	2057	353	634
福建物质结构研究所 Fujian Inst. of Research on the Structure of Matter	3296	1004	259	200
江苏省 Jiangsu Province	9332	3376	513	717
紫金山天文台 Purple Mountain Observatory	3191	964	172	248
南京地理与湖泊研究所 Nanjing Inst. of Geography and Limnology	1375	556	78	76
南京地质古生物研究所 Nanjing Inst. of Geology and Palaeontology	2395	846	134	183
南京土壤研究所 Nanjing Inst. of Soil Science	2371	1010	129	210
安徽省 Anhui Province	7050	2510	788	593
固体物理研究所 Inst. of Solid State Physics	655	250	82	78

续表 4.4

其他工资 Other salaries	社会保障费 Social security expenditure	公用支出 Public expenditure	公务费 Official business spending	业务费 Expenditure for professional activity	设备购置费 Expenditure for purchasing equipment	修缮费 Renovation fees	结转自筹基建 Balanced and transferred self-raised capital construction funds	专款支出 Designated expenditure
26	87	224	27	132	50	2		13
130	304	2651	215	1228	596	76		465
57	145	766	33	527	162	27		33
127	191	1830	64	1189	466	40		57
131	182	2645	66	1680	629	72	157	38
37	41	1068	94	284	562	78		13
26	81	2052	125	1112	689	63		11
472	421	4253	333	1665	1280	365		76
407	410	4349	512	2063	478	362	85	79
381	535	7516	231	4360	1392	386	1009	76
4	467	2243	106	1037	602	81	355	49
552	1419	5843	356	3677	1069	204	100	113
197	330	2199	118	1275	494	91	100	28
100	247	796	52	532	179	15		23
146	334	1530	99	800	275	66		19
109	508	1318	87	1070	121	32		43
238	636	4418	287	2596	1132	173		122
	45	388	25	169	155	28		17

系统及单位 System and institute	合 计 Total	人员支出 Personnel expenditure	基本工资 Basic salary	补助工资 Subsidiary salary
等离子体物理研究所 Inst. of Plasma Physics	2731	909	262	191
合肥智能机械研究所 Hefei Inst. of Intelligent Machines	880	278	114	65
安徽光学精密机械研究所 Anhui Inst. of Optics and Fine Mechanics	2784	1073	330	259
湖北省、湖南省 Hubei and Hunan provinces	10713	3424	684	644
武汉物理与数学研究所 Wuhan Inst. of Physics and Mathematics	1735	728	156	109
武汉岩土力学研究所 Wuhan Inst. of Rock and Soil Mechanics	2990	620	138	78
测量与地球物理研究所 Inst. of Geodesy and Geophysics	857	274	55	45
武汉植物研究所 Wuhan Inst. of Botany	798	265	66	48
水生生物研究所 Inst. of Hydrobiology	2511	736	66	220
武汉病毒研究所 Wuhan Inst. of Virology	921	431	79	51
长沙大地构造研究所 Changsha Inst. of Geotectonics	379	156	45	57
长沙农业现代化研究所 Changsha Inst. of Agricultural Modernization	522	214	79	36
广东省 Guangdong Province	16279	4607	1207	515
广州化学研究所 Guangzhou Inst. of Chemistry	1944	769	122	75
广州地球化学研究所 Guangzhou Inst. of Geochemistry	1701	573	163	62
南海海洋研究所 South China Sea Inst. of Oceanology	3908	1121	363	61
华南植物研究所 South China Inst. of Botany	3848	917	180	151
广州电子研究所 Guangzhou Inst. of Electronic Technology	2438	651	169	70

其他工资 Other salaries	社会保障费 Social security expenditure	公用支出 Public expenditure	公务费 Official business spending	业务费 Expenditure for professional activity	设备购置费 Expenditure for purchasing equipment	修缮费 Renovation fees	结转自筹基建 Balanced and transferred self-raised capital construction funds	专款支出 Designated expenditure
166	181	1786	127	901	658	65		36
25	49	593	89	407	49	5		9
47	361	1651	46	1119	270	75		60
179	1497	7123	628	4530	1033	541	127	166
6	345	979	75	558	244	74		28
55	313	2356	91	1796	179	142	127	14
58	70	569	60	241	160	56		14
4	124	513	53	313	32	96		20
	324	1755	231	1151	260	58		20
28	219	469	61	212	83	88		21
3	41	182	27	105	42			41
25	61	300	30	154	33	27		8
444	2039	10004	963	6103	1103	585	949	1668
143	352	923	62	478	164	149	22	252
54	248	888	183	488	120	47		240
57	562	2394	394	1621	216	89		393
80	412	2621	150	1211	307	148	776	310
88	290	1589	34	1224	129	91	57	198

系统及单位 System and institute	合　计 Total	人员支出 Personnel expenditure	基本工资 Basic salary	补助工资 Subsidiary salary
广州能源研究所 Guangzhou Inst. of Energy Conversion	2440	576	210	96
四川省 　　Sichuan Province	14280	5018	1666	791
成都有机化学研究所 Chengdu Inst. of Organic Chemistry	1510	784	234	123
成都山地灾害与环境研究所 Chengdu Inst. of Mountain Hazards and Environment	1410	525	261	55
成都生物研究所 Chengdu Inst. of Biology	2090	889	273	58
成都计算机应用研究所 Chengdu Inst. of Computer Application	2462	531	273	113
光电技术研究所 Inst. of Optics and Electronics	6808	2289	625	442
云南省、贵州省 　　Yunnan and Guizhou provinces	9861	2921	920	637
云南天文台 Yunnan Observatory	1040	443	216	114
昆明植物研究所 Kunming Inst. of Botany	2375	659	109	188
昆明动物研究所 Kunming Inst. of Zoology	1809	482	154	61
西双版纳热带植物园 Xishuangbanna Tropical Botanical Garden	2774	827	283	208
贵阳地球化学研究所 Guiyang Inst. of Geochemistry	1863	510	158	66
陕西省 　　Shaanxi Province	7322	2953	1159	365
陕西天文台 Shaanxi Observatory	1771	832	386	82
水土保持研究所 Inst. of Soil and Water Conservation	1389	504	160	80
西安光学精密机械研究所 Xi'an Inst. of Optics and Fine Mechanics	4162	1617	613	203
甘肃省、青海省 　　Gansu and Qinghai provinces	12859	5045	1465	1043

续表 4.4

其他工资 Other salaries	社会保障费 Social security expenditure	公用支出 Public expenditure	公务费 Official business spending	业务费 Expenditure for professional activity	设备购置费 Expenditure for purchasing equipment	修缮费 Renovation fees	结转自筹基建 Balanced and transferred self-raised capital construction funds	专款支出 Designated expenditure
22	175	1589	140	1081	167	61	94	275
657	1573	9132	630	5758	1748	612	76	130
91	284	693	79	397	97	94		33
25	153	870	79	596	119	37		15
162	276	1197	66	802	209	73	13	4
2	108	1927	59	1191	589	8	54	4
377	752	4445	347	2772	734	400	9	74
177	923	6619	640	3542	1331	401	521	321
3	85	573	51	408	89	10		24
21	249	1690	121	1146	337	67		26
65	153	1311	44	598	535	72		16
54	240	1917	244	659	216	217	521	30
34	196	1128	180	731	154	35		225
153	846	4271	269	3041	707	184		98
40	230	917	118	649	102	37		22
46	169	879	57	668	92	23		6
67	447	2475	94	1724	513	124		70
61	1901	7529	1178	4917	1039	277		285

系统及单位 System and institute	合　计 Total	人员支出 Personnel expenditure		
			基本工资 Basic salary	补助工资 Subsidiary salary
近代物理研究所 Inst. of Modern Physics	3774	1365	379	303
兰州化学物理研究所 Lanzhou Inst. of Chemical Physics	2165	937	226	155
寒区旱区环境与工程研究所 Cold and Arid Regions Environmental and Engineering Research Institute	4338	1394	472	396
兰州冰川冻土研究所 Lanzhou Inst. of Glaciology and Geocryology	1692	556	122	250
兰州沙漠研究所 Lanzhou Inst. of Desert Research	1558	430	128	141
兰州高原大气物理研究所 Lanzhou Inst. of Plateau Atmospheric Physics	1088	408	222	5
兰州地质研究所 Lanzhou Inst. of Geology	612	306	71	77
青海盐湖研究所 Qinghai Inst. of Saline Lakes	981	593	198	17
西北高原生物研究所 Northwest Inst. of Plateau Biology	989	450	119	95
新疆维吾尔自治区 Xinjiang Uygur Autonomous Region	3292	1272	554	112
新疆物理研究所 Xinjiang Inst. of Physics	608	303	121	30
乌鲁木齐天文工作站 Ürümqi Astronomic Working Station	586	139	46	32
新疆化学研究所 Xinjiang Inst. of Chemistry	399	207	87	27
新疆生态与地理研究所 Xinjiang Inst. of Ecology and Geography	1699	623	300	23

其他工资 Other salaries	社会保障费 Social security expenditure	公用支出 Public expenditure						专款支出 Designated expenditure
			公务费 Official business spending	业务费 Expenditure for professional activity	设备购置费 Expenditure for purchasing equipment	修缮费 Renovation fees	结转自筹基建 Balanced and transferred self-raised capital construction funds	
3	453	2361	350	1672	228	97		48
22	382	1136	135	810	109	54		92
	418	2862	381	1779	607	71		82
	174	1096	210	685	188	8		40
	140	1097	109	717	254	15		31
	104	669	62	377	165	48		11
	120	294	68	209	11			12
36	322	349	134	95	51	28		39
	206	527	110	352	33	27		12
114	411	1970	274	1124	323	99	47	50
42	86	294	54	216	16	5		11
35	20	444	46	184	96	50	47	3
23	61	184	34	90	31	6		8
14	244	1048	140	634	180	38		28

4.5 基本建设

Statistics of CAS Capital Construction

年 份 Year	完成投资（万元） Investment completed (ten thousand yuan)	自筹 Self-raised	贷款 Loan	竣工面积（平方米） Floor space completed (square meter)	自筹 Self-raised
1950～1952	276			20523	
1953～1957	9123			512283	
1958～1962	20972			794049	
1963～1965	12600			338832	
1966～1970	9139			153737	
1971～1975	7835			566566	
1976	2500			82306	
1977	3347			150853	
1978	8454			204677	
1979	18426			332816	
1980	17579			361936	
1981	13600			367813	
1982	15039			346605	
1983	14537			270401	
1984	16114			328310	
1985	17108	346		242340	15193
1986	21908	252		283026	7559
1987	27412	281		203111	10345
1988	28266	240		247028	14449
1989	29384	240		298743	6407
1990	23484	240		373626	11910
1991	30306	1971		231729	28336
1992	36636	5000		287163	67928
1993	38427	4809	3100	258284	61645
1994	40787	10000	3000	239506	39191
1995	44480	10000	2600	235111	
1996	48122	15982	700	226581	
1997	65936	25346		248136	
1998	91409	32387		294631	
1999	103721	48879		328365	

4.6 基本建设投资完成情况（1999 年）
Capital Expenditure：1999

单位：万元 (ten thousand yuan)

项　目 Project	合　计 Total	预算内投资 Budget funds	自筹资金 Self-raised funds
总　计 **Total**	**103721**	**54842**	**48879**
科研项目 Construction for scientific projects	8986	4742	4244
大中型科研项目 Construction for large and medium sized scientific projects	2555	2555	
小型科研项目 Construction for small scientific projects	6431	2187	4244
基础设施改造和建设项目 Infrastructure renovation and construction projects	16169	5049	11120
住　宅 Housing	42542	11693	30849
固定人员 Permanent staff	32586	5852	26734
流动人员 Temporary staff	9956	5841	4115
计委专项 Special funds from SPC	13779	12455	1324
知识创新专项 Special funds for knowledge innovation	22245	20903	1342
园区建设 Construction of science park	14665	13396	1269
流动人员 Temporary staff	7580	7507	73

4.7 基本建设建筑面积完成情况（1999年）

Floor Space Completed：1999

单位：平方米 (square meter)

项目 Project	在施面积 Floor space under construction	其中：新开面积 Of which：Floor space started	竣工面积 Floor space completed	其中：改造面积 Of which：Floor space reconstructed
总计 Total	**911515**	**431095**	**328365**	**24135**
科研项目 Construction for scientific projects	76759	53835	19153	370
大中型科研项目 Construction for large and medium sized scientific projects	39953	39650	303	
小型科研项目 Construction for small scientific projects	36806	14185	18850	370
基础设施改造和建设项目 Infrastructure renovation and construction projects	7757	104	2626	1002
住宅 Housing	624686	203065	227940	7517
固定人员 Permanent staff	607470	201452	208478	3111
流动人员 Temporary staff	17216	1613	19462	4406
计委专项 Special funds from SPC	73153	85789	22950	10224
知识创新专项 Special funds for knowledge innovation	129160	88302	55696	5022
园区建设 Construction of science park	65978	55120	25696	5022
流动人员 Temporary staff	63182	33182	30000	

主要统计指标解释

1. 科学事业单位总经费收入情况

财政补助收入：指单位从财政部门取得的科学事业费，其中从财政部取得的科学事业费为专项经费，如：大型科研装置运行费；从科学技术部取得的科学事业费为正常经费及专项经费。

拨入专款：指单位从财政部门、上级单位或其他单位取得的有指定用途的专项资金，如：从人事部取得的政府津贴、院士津贴，从地方卫生局取得的公费医疗经费，从地方财政局取得的副食补贴经费等。

事业收入：指单位开展专业业务活动及其辅助活动取得的收入，包括科研收入、技术收入、学术活动收入、科普活动收入、试制产品收入、预算外资金收入。

科研收入：指单位承担科研课题（项目）和接受委托研制样品样机取得的收入，包括科学事业单位承担国家科研项目取得的收入，如：国家“科技三项费用”项目、“国家自然科学基金”项目、“863”项目等；同时包括科学事业单位承担中央和地方有关部门及企业的各类科研任务取得的收入。

技术收入：指单位对外提供技术转让、技术咨询、技术服务、技术培训、技术承包取得的收入。

试制产品收入：指单位经过国家有关部门批准从事中间试验产品的试制取得的收入（不含科技三项费用中的中间试验费）。

预算外资金收入：指单位按照国家有关规定，为履行或代行政府职能，依据国家法律、法规和具有法律效力的规章而收取的未纳入国家预算管理的各种财政性资金，包括法律、法规规定的行政事业性收费等。

经营收入：指单位在专业业务活动及其辅助活动之外开展非独立核算的经营活动取得的收入，包括产品（商品）销售收入、经营服务收入、工程承包收入、租赁收入和其他经营收入。

其他收入：指单位除上述收入以外的其他收入，如：投资收益、利息收入、捐赠收入等。

2. 科学事业单位总经费支出情况

人员支出：指单位用各种经费开支的基本工资、补助工资、其他工资、职工福利费、社会保障费、助学金。

基本工资：主要指按国家有关规定支付给工作人员的固定工资及规定比例的津贴。

补助工资：指按国家有关规定支付给工作人员的津贴、补贴，包括各项岗位津贴、价格补贴、地方性补贴、冬季取暖补贴、夜餐补贴、职工上下班交通补贴等。

其他工资：主要指在基本工资、补助工资之外发给在职人员的属于国家规定工资总额组成范围的各种津贴、补贴、奖金等。

社会保障费：指按国家在关规定支付给离退休人员的离退休金、津贴、补贴，离退休人员开支的公用经费及单位按国家规定交纳的各项社会保险金和职工住房公积金等。

公用支出：指单位用各种经费开支的公务费、设备购置费、修缮费、业务费、其他费用。

公务费：指用于组织和管理专业业务及其辅助活动发生的支出，主要包括办公费、邮电通信费、水电费、公用取暖费、车船油料费等。

业务费：指在开展专业业务及其辅助活动过程中发生的消耗性支出，主要包括消耗的各种原材料、计算测试费、燃料动力费、会议费、差旅费、外事活动费、按规定交纳的各种税费等。

设备购置费：指不属于基本建设支出，应按固定资产管理的科研、生产、开发、经营以及办公设备的购置支出，主要包括各种仪器设备、车辆、图书等购置费以及按规定提取的修购基金。

修缮费：指用于单位公用房屋、建筑物以及附属设备的修缮支出，按照国家规定不够基本建设投资额度的零星土建工程支出以及按规定提取的修购基金。

结转自筹基建：指单位经国家有关部门批准并纳入基本建设计划，用财政补助收入以外的资金安排的基本建设项目支出。

专款支出：指单位用上述"拨入专款"开支的费用。

Explanatory Notes on Key Indicators

1. Total income of CAS scientific institutions

Financial subsidiary income: This refers to the operating funds for scientific research obtained from the financial departments. Of which, the operating funds for scientific research from the Ministry of Finance are considered as special funds, such as the funds for purchasing large scientific research equipment; and scientific operating funds obtained from the Ministry of Science and Technology are considered as normal funds and special funds.

Special funds allocated: This refers to the special funds for designated use obtained from the financial departments, higher authorities or other units, such as government allocations and allocations for CAS Members from the Ministry of Personnel Management, funds for medicare from the local public health departments and fund for food subsidy from the local financial departments.

Operating income: This refers to the income obtained by performing professional activities and auxiliary work, including scientific research, technology, scientific activities, popular science activities and production of pilot products, and income from non-budgetary funds.

Scientific research income: This refers to the income acquired by undertaking scientific research tasks (projects) and accepting assignments to develop samples and prototypes. It includes income for undertaking State scientific research projects, such as the three sums of science and technology funds, national natural science foundation funds, "863" Project funds, etc. It also include income obtained from the Central and local departments and enterprises by the institution by undertaking various research tasks.

Technology income: This refers to the income obtained from offering external technology transfer, technology consultation, technology service, technology training and technology contracting.

Income from trial-production of products: This refers to the income obtained by producing pilot experimental products (not including allowance for pilot experiments in the "three sums of science and technology funds") approved by the relevant State departments.

Business income: This refers to income received by a particular institution from the undertaking of business activities which are excluded from S&T activities, without an independent accounting, such as the income from product sales, service, contract of projects, lease and other business.

Income from non-budgetary funds: This refers to various kinds of revenues (which are not included in the State budgetary management system) collected by the institution in performing or acting the functions on government behalf according to the State laws , regulations and rules which have the legal effects.

Other income: This refers to income other than the above-mentioned items, such as income from investment, interest, donation, etc.

2. Total expenditure of CAS scientific institutions

Personnel expenditure: This refers to the spending from various kinds of funds, such as basic salary, subsidiary salary and other salaries, welfare expenditure, social security expenditure, and people's grant-in-aid.

Basic salary: This refers to the basic salary and proportioned allowance paid to the staff according to the relevant State policies.

Subsidiary salary: This refers to the allowance and subsidies paid to the staff according to the relevant State policies, including working post allowance, inflation subsidies, local allowance, allowance for winter heating, night snack allowance, traffic allowance for the staff to and back from work, etc.

Other salaries: This mainly refers to the allowances, subsidies and bonus, etc. paid to the on-job staff, which is the components of the total salary set according to the relevant State policies. This item is not included in the fixed salary and allowance.

Social security expenditure: This refers to the pension, allowance or subsidies paid to the retired personnel according to the relevant State policy, public expenses for the retired personnel and social insurance premium and housing accumulation funds paid by the units according to the State policy.

Public expenditure: This refers to the spending from various kind of funds, such as official business spending, expenditure for professional activities, expenditure for purchasing equipment, renovation fees and others.

Official business spending: This refers to the expenses for organizing and managing professional work and auxiliary activities, mainly including expenses on administration, postage and communications, water and electricity, winter heating, vehicles and fuel, etc.

Expenditure for professional activity: This refers to the consumptive expenses occurred in the process of carrying out professional work and auxiliary activities, mainly including raw and processed materials consumed, computation and testing, fuel and power, expenses for attending conferences and making business trips, expenses for foreign affair activities, and various types of taxes paid according to the relevant policies.

Expenditure for purchasing equipment: This refers to the expenses spent on equipment purchasing for scientific research, production, development, business operation and office instruments, which does not fall into the category of capital construction expenditure and is managed as fixed assets. It mainly includes expenses for purchasing various kinds of instruments and equipment, vehicles, books, and renovation/purchasing fees drawn according to the relevant policies.

Renovation fee: This refers to fees for renovating public houses, buildings and attached facilities, expenses of minor civil engineering which are less than the investment quota set for capital construction, and the renovation/purchasing fees drawn according to the relevant policies.

Balanced and transferred self-raised capital construction funds: This refers to the expenditure from non financial subsidiary funds for capital construction projects which are approved by the State departments concerned and which are included in the capital construction plan of the year.

Designated expenditure: This refers to the expenses paid from "Designated funds" mentioned above.

五、科技活动

SCIENTIFIC AND TECHNOLOGICAL ACTIVITIES

5.1 科研机构与人员概况

Statistics of CAS Research Units and Staff

年份 Year	机构数（个）Institutions (unit)	正式职工数（人）Regular Staff (person)			
		合计 Total	从事科技活动人员 S&T activity personnel	科学家、工程师 Scientists & engineers	其他科技人员 Other S&T personnel
1985	122	69650	58220	32174	8828
1986	122	70510	60107	34495	8777
1987	123	66855	53727	35034	8239
1988	123	67554	56939	36648	9078
1989	123	67451	56895	37587	8757
1990	123	67547	56199	38133	8442
1991	123	67558	56029	37668	8750
1992	123	66608	54293	37642	8283
1993	123	64273	50584	36199	6968
1994	123	61641	46344	33749	5828
1995	124	59008	42934	32446	4991
1996	123	56245	41392	32032	5148
1997	123	53191	38104	29798	4401
1998	121	50271	33963	27139	3604
1999	115	47487	31205	25450	3110

注：S&T——Science and Technology.

5.2 科研机构职工按工作性质分类（1999年）

Statistics of CAS Staff, by Nature of Work: 1999

单位：人 (person)

地区及学科 Region and field	从事科技活动人员 S&T activity personnel	科学家工程师 Scientists & engineers	科技管理人员 S&T Management personnel	课题活动人员 Project activity personnel	科技服务人员 S&T service personnel	从事生产、经营活动人员 Production and business activity personnel
总计 Total	**31205**	**25450**	**4449**	**22625**	**4131**	**8470**
一、按地区、分院分 By region and branch						
北京地区 Beijing	10755	9092	1504	8015	1236	2158
沈阳分院 Shenyang Branch	3258	2727	404	2455	399	434
长春分院 Changchun Branch	1549	1363	248	1130	171	1863
上海分院 Shanghai Branch	4550	3547	607	3296	647	1834
南京分院 Nanjing Branch	928	824	138	677	113	78
合肥分院 Hefei Branch	1079	775	150	768	161	299
武汉分院 Wuhan Branch	964	846	139	663	162	423
广州分院 Guangzhou Branch	1446	1117	215	1031	200	195
成都分院 Chengdu Branch	1632	1233	257	1162	213	551
昆明分院 Kunming Branch	1150	895	182	741	227	47
西安分院 Xi'an Branch	922	583	185	478	259	217
兰州分院 Lanzhou Branch	1871	1542	263	1357	251	161
新疆分院 Xinjiang Branch	644	539	92	487	65	64
其他地区 Other regions	457	367	65	365	27	146
二、按学科分 By field						
数学、物理 Mathematics & physics	5846	4716	820	4202	824	1590

地区及学科 Region and field	从事科技活动人员 S&T activity personnel	科学家工程师 Scientists & engineers	科技管理人员 S&T Management personnel	课题活动人员 Project activity personnel	科技服务人员 S&T service personnel	从事生产、经营活动人员 Production and business activity personnel
化学与化工 Chemistry & chemical engineering	5224	4370	639	3942	643	1734
地学 Earth sciences	4996	4279	730	3542	724	412
生物学 Biological sciences	6089	4920	969	4305	815	835
技术科学 Technological sciences	8886	7015	1272	6511	1103	3895
其他 Others	164	150	19	123	22	4

5.3 科研机构经常费收入、支出情况

Total Current Intramural Income and Expenditure in CAS Research Units

单位：千元　　(thousand yuan)

年 份 Year	经费收入合计 Total income	政府拨款 Government funds	技术性收入 Technical income	经费支出合计 Total expenditure	人员费用 Personnel cost	科研业务费 Operating expenses
1986	742066	604279	60875	692860	125436	213407
1987	837122	627784	157048	747813	135795	233492
1988	1027186	670751	294885	877302	158520	318373
1989	1277091	785212	251183	1006867	198136	398556
1990	1353986	878823	278174	1228672	233057	463237
1991	1353897	849180	276406	1229789	255067	447181
1992	1811201	1093748	412478	1638723	333624	617892
1993	2111061	1107090	482950	1996224	404443	765949
1994	2459665	1354308	584218	2829947	630206	938694
1995	2826593	1506013	627835	2705238	672585	884207
1996	3064470	1647814	649571	2993723	732070	987224
1997	3683555	2007393	881973	3414678	807153	1342474
1998	3799096	2578098	676361	3207069	951527	1200976
1999	4961583	3870838	657114	3814217	1118547	1453220

注：1. 经费收入合计中不包括基本建设投资。
Note：Total income does not include capital investment.

2. 1992 年及以前经费收入合计中均未扣除转拨外单位科研经费。
Total income in 1992 and before does not exclude scientific research funds which were transferred to other research institutions.

3. 1995 年经常费支出合计中含暂付款 3.3 亿元（列支在其他支出中）。
Total current intramural expenditure include 330 million yuan of temporary payment (in the item of other expenses).

4. 此表为国家科委《科技统计年报》统计口径。
This table is based on the specifications of the S&T Statistical Yearbook of the State Science and Technology Commission.

5. 科研机构经常费收入、支出统计指标 1998 年已做修改，与往年统计口径略有差异。
The definition of "Total Current Intramural Income and Expenditure in CAS Research Units" has been modified in 1998, which is slightly different from that in the past years.

单位：千元

地区、学科及科研单位 Region，field and research unit	本年收入合计 Total income in the year	政府拨款 Government funds	财政补助收入 Income from government subsidy	承担政府科研项目收入 Undertaking government research projects	政府其他拨款 Other government allocation
总计 Total	**4961583**	**3870838**	**2689501**	**1097533**	**83804**
一、按地区、分院分 By region and branch					
北京地区 Beijing	2040255	1651000	1153214	469013	28773
沈阳分院 Shenyang Branch	461320	318720	221280	94940	2500
长春分院 Changchun Branch	269850	236510	129710	103570	3230
上海分院 Shanghai Branch	970571	714800	530970	170930	12900
南京分院 Nanjing Branch	123930	102110	81120	19590	1400
合肥分院 Hefei Branch	100315	79779	58407	18340	3032
武汉分院 Wuhan Branch	135400	103420	79750	22210	1460
广州分院 Guangzhou Branch	180102	113949	64950	32040	16959
成都分院 Chengdu Branch	172180	118270	63010	54080	1180
昆明分院 Kunming Branch	134840	104390	87780	13560	3050
西安分院 Xi'an Branch	97740	81430	61990	18710	730
兰州分院 Lanzhou Branch	201070	187020	110990	68510	7520
新疆分院 Xinjiang Branch	33360	28010	22520	5040	450
其他地区 Other regions	40650	31430	23810	7000	620
二、按学科分 By field					
数学、物理 Mathematics & physics	932703	811810	619911	178812	13087

经常费收入情况（1999 年）

in CAS Research Units：1999

（thousand yuan）

技术性收入 Technical income	其中：来自企业 Of which: From enterprises	技术开发收入 Income from technological development	技术转让收入 Income from technology transfer	技术咨询及服务收入 Income from technical consultation and service	经营收入 Business income	其他收入 Other income	借贷款 Loans
657114	**208567**	**437261**	**97240**	**93704**	**122258**	**266229**	**45144**
226015	38475	174251	25045	19540	52351	99305	11584
128270	58716	100720	4680	21730	540	7320	6470
3100		3020	10	30	8050	7700	14490
119991	64040	48840	44210	26211	31777	102753	1250
13210	1110	9180	1000	870	3320	4810	480
4860	220	1460	630	2690	11640	4036	
25320	13350	2790	14775	7095	250	3440	2970
48588	13161	30370	4890	9648	4340	9715	3510
36910	11570	31080	1420	4100	2850	12300	1850
26900	3070	12860		1350	530	3020	
10530	360	10030		360	1020	3850	910
3390	620	2640	580	70	5040	5520	100
4260	2210	4250		10	240	320	530
5770	1665	5770			310	2140	1000
75070	31044	38458	21395	11585	17873	27490	460

地区、学科及科研单位 Region, field and research unit	本年收入合计 Total income in the year	政府拨款 Government funds	财政补助收入 Income from government subsidy	承担政府科研项目收入 Undertaking government research projects	政府其他拨款 Other government allocation
化学与化工 Chemistry & chemical engineering	750570	527400	379260	139330	8810
地学 Earth sciences	630149	525208	371974	123956	29278
生物学 Biological sciences	920763	739717	588804	136710	14203
技术科学 Technological sciences	1711021	1253693	719312	516495	17886
其他 Others	16377	13010	10240	2230	540

续表 5.4

技术性收入 Technical income	其中：来自企业 Of which: From enterprises	技术开发收入 Income from technological development	技术转让收入 Income from technology transfer	技术咨询及服务收入 Income from technical consultation and service	经营收入 Business income	其他收入 Other income	借贷款 Loans
124880	51313	71030	29080	23330	14430	81660	2200
70618	12578	58853	1820	6658	8163	12444	13716
123652	35630	71790	24202	9620	14089	35497	7808
259674	77589	193910	20743	42511	67685	109009	20960
3220	413	3220			18	129	

单位：千元

地区、学科及科研单位 Region，field and research unit	本年支出合计 Total expenditure in the year	事业支出 Operation expenditure	人员费用 Personnel cost
总计 Total	**3814217**	**3682707**	**1118547**
一、按地区、分院分 By region and branch			
北京地区 Beijing	1549667	1485602	416554
沈阳分院 Shenyang Branch	351250	350710	103910
长春分院 Changchun Branch	202170	192950	68480
上海分院 Shanghai Branch	695673	667088	196963
南京分院 Nanjing Branch	98170	95020	35340
合肥分院 Hefei Branch	79827	68097	24390
武汉分院 Wuhan Branch	108810	10854	36560
广州分院 Guangzhou Branch	159640	155310	48370
成都分院 Chengdu Branch	145130	142270	51280
昆明分院 Kunming Branch	94280	93790	29180
西安分院 Xi'an Branch	77280	76480	30500
兰州分院 Lanzhou Branch	178060	173140	49580
新疆分院 Xinjiang Branch	33180	32940	13310
其他地区 Other regions	41080	40770	14130
二、按学科分 By field			
数学、物理 Mathematics & physics	742272	723144	209652

经常费支出情况（1999 年）
in CAS Research Units：1999

(thousand yuan)

科研业务费 Scientific research expenditure	公务费 Official business expenditure	设备购置费 Equipment purchasing expenditure	其他费用 Other expenditure	经营支出 Business expenditure
1453220	**220025**	**493014**	**397901**	**131510**
627034	96854	196835	148325	64065
130870	30530	41730	43670	540
78100	13960	13320	19090	9220
259218	26358	101630	82919	28585
36120	3350	10650	9560	3150
5920	6060	24330	2590	10727
14970	13460	43990	6280	10330
60628	9443	11202	25667	4330
56330	6200	17640	10820	2860
35240	6280	13310	9780	490
29880	2570	7030	6500	800
47820	10580	50270	14890	4920
11190	2740	3230	2470	240
12470	2290	5110	6770	310
265722	36037	119931	91802	19128

地区、学科及科研单位 Region, field and research unit	本年支出合计 Total expenditure in the year	事业支出 Operation expenditure	人员费用 Personnel cost
化学与化工 Chemistry & chemical engineering	622970	609970	184130
地学 Earth sciences	491808	483211	152763
生物学 Biological sciences	648573	636153	214633
技术科学 Technological sciences	1297246	1218899	352859
其他 Others	11348	11330	4510

仪器设备情况（1999 年）
in CAS Research Units：1999

其中：90 年代 Of which：In 1990s				其中：80 年代 Of which：In 1980s			
总额（千元）Total value (thousand yuan)	10 万元以上 Above 100 thousand yuan	其中：进口（千元）Of which：Imported (thousand yuan)	10 万元以上 Above 100 thousand yuan	总额（千元）Total value (thousand yuan)	10 万元以上 Above 100 thousand yuan	其中：进口（千元）Of which：Imported (thousand yuan)	10 万元以上 Above 100 thousand yuan
2886370	**1731253**	**1717321**	**1297319**	**1495354**	**741831**	**893327**	**523661**
1320103	846259	758751	613938	604632	310654	373711	244128
238058	102705	147646	76312	127609	39818	95615	30181
90164	58312	56930	46740	84669	41820	53095	34661
561565	352872	390537	299868	252089	124549	168354	103283
60320	35244	31033	24207	29345	14242	16645	9468
78135	50908	21795	13374	46448	27595	17073	12168
84212	51021	53115	45298	38407	14301	23144	13220
71518	34285	46294	30184	68935	50330	31122	20477
74555	32440	41708	22234	25527	10898	17186	10077
69975	28371	31094	25819	23649	8586	12811	7228
38222	23915	22960	19649	23133	12760	6268	4876
144413	84771	90579	61678	145796	76493	60608	24792
27414	16166	9465	5984	15104	6450	11077	5897
27716	13984	15414	12034	10011	3335	6618	3205
657492	382900	290485	214273	485905	253121	211948	126820
461719	322174	312877	273507	249408	133944	175467	116627

地区、学科及科研单位 Region, field and research unit	合计 Total			
	总额 (千元) Total value (thousand yuan)	10万元以上 Above 100 thousand yuan	其中：进口 (千元) Of which: Imported (thousand yuan)	10万元以上 Above 100 thousand yuan
地学 Earth sciences	592162	320302	362909	242167
生物学 Biological sciences	782129	365536	537870	317981
技术科学 Technological sciences	1314221	744277	778792	563664
其他 Others	4340	980	610	560
三、按科研单位分 By institute				
北京市 Beijing	2047964	1205173	1182169	895392
数学与系统科学研究院 Academy of Mathematics & System Sciences	27918	12610	15055	10177
数学研究所 Inst. of Mathematics	6670	3818	4136	3534
应用数学研究所 Inst. of Applied Mathematics	4790	960	3821	960
系统科学研究所 Inst. of Systems Science	6730	1133	2548	1133
计算数学与科学工程计算研究所 Inst. of Computational Mathematics and Scientific/Engineering Computing	9728	6699	4550	4550
物理研究所 Inst. of Physics	139602	92668	96032	81776
声学研究所 Inst. of Acoustics	39070	16972	29540	15470
理论物理研究所 Inst. of Theoretical Physics	6049	2682	2682	2682
低温技术实验中心 Cryogenic Laboratory	10129	734	3941	734
高能物理研究所 Inst. of High Energy Physics	343125	167725	123020	62787
北京天文台 Beijing Astronomical Observatory	57841	44754	22426	15859
力学研究所 Inst. of Mechanics	73838	38904	36630	31643
化学研究所 Inst. of Chemistry	89770	86835	69308	66921

续表 5.6

其中：90 年代 Of which：In 1990s				其中：80 年代 Of which：In 1980s			
总额（千元）Total value (thousand yuan)	10 万元以上 Above 100 thousand yuan	其中：进口（千元）Of which：Imported (thousand yuan)	10 万元以上 Above 100 thousand yuan	总额（千元）Total value (thousand yuan)	10 万元以上 Above 100 thousand yuan	其中：进口（千元）Of which：Imported (thousand yuan)	10 万元以上 Above 100 thousand yuan
370625	207948	229199	169171	187456	104985	120875	69514
537234	287031	362915	246225	208345	67385	152932	63897
855110	530220	521235	393583	364090	182396	232105	146803
4190	980	610	560	150			
1320103	846259	758751	613938	604632	310654	373711	244128
25002	11053	13494	9485	2916	1557	1461	592
5722	2942	3528	2942	948	876	608	592
3921	960	2968	960	869		853	
6492	1133	2548	1133	238			
8867	6018	4450	4450	861	681		
82250	55788	54452	49049	52367	34975	39822	31506
27059	14088	20156	12705	10749	2884	9134	2765
6049	2682	2682	2682				
7222	334	3141	334	2701	400	800	400
167034	98324	57303	32419	147919	57706	59773	27760
36162	29476	14405	11476	10882	6732	4288	1549
52400	32026	29561	28543	15138	6656	6039	3100
62603	60326	47705	45392	21532	21107	16196	16127

地区、学科及科研单位 Region，field and research unit	合计 Total			
	总额（千元） Total value (thousand yuan)	10万元以上 Above 100 thousand yuan	其中：进口（千元） Of which: Imported (thousand yuan)	10万元以上 Above 100 thousand yuan
感光化学研究所 Inst. of Photographic Chemistry	38261	26056	29639	23477
生态环境研究中心 Research Center for Eco-Environmental Sciences	35969	14345	23531	14226
化工冶金研究所 Inst. of Chemical Metallurgy	43008	22571	23520	18421
地理研究所 Inst. of Geography	27575	11375	8252	7444
遥感应用研究所 Inst. of Remote Sensing Application	54153	41600	41133	39336
地质研究所 Inst. of Geology	39040	17703	18653	17427
地球物理研究所 Inst. of Geophysics	50197	37683	34062	32635
古脊椎动物与古人类研究所 Inst. of Vertebrate Paleontology and Paleoanthropology	4850	660	1701	660
大气物理研究所 Inst. of Atmospheric Physics	44620	27880	12660	11610
自然资源综合考察委员会 Commission for Integrated Surveys of Natural Resources	20526	10710	12743	10710
植物研究所 Inst. of Botany	32962	9896	9129	7393
动物研究所 Inst. of Zoology	48645	22691	36758	20104
心理研究所 Inst. of Psychology	8964	4362	7206	3915
微生物研究所 Inst. of Microbiology	54984	22821	45850	22821
生物物理研究所 Inst. of Biophysics	82208	52178	64909	46749
遗传研究所 Inst. of Genetics	41143	8125	25637	2950
发育生物学研究所 Inst. of Developmental Biology	13610	7600	8617	7600
计算技术研究所 Inst. of Computing Technology	26389	10385	14592	8336
软件研究所 Inst. of Software	21830	7520	9386	7520

其中：90年代 Of which: In 1990s				其中：80年代 Of which: In 1980s			
总额（千元）Total value (thousand yuan)	10万元以上 Above 100 thousand yuan	其中：进口（千元）Of which: Imported (thousand yuan)	10万元以上 Above 100 thousand yuan	总额（千元）Total value (thousand yuan)	10万元以上 Above 100 thousand yuan	其中：进口（千元）Of which: Imported (thousand yuan)	10万元以上 Above 100 thousand yuan
24094	18523	19304	16913	11167	5936	8246	4967
17994	9215	11819	9096	16217	5026	10992	5026
23358	14163	12396	11508	16218	7939	10130	6444
21321	10443	7669	7166	5404	932	278	278
26550	15989	14471	13725	27603	25611	26662	25611
18203	8778	8778	8778	15076	8925	9722	8649
40412	32834	30332	30009	8767	4745	3226	2522
2716	660	660	660	1681		950	
41480	26050	11770	10730	2590	1280	890	880
17468	10206	10206	10206	3058	504	2537	504
19861	7267	5302	4926	10611	2094	2612	2094
35527	19487	25541	16900	11913	3204	10401	3204
6339	3980	5564	3635	2120	280	1358	280
31747	14451	25607	14451	20889	7966	18389	7966
55399	38217	42384	33449	21784	12308	19702	12048
27389	7998	18967	2823	10797	127	5244	127
12160	7333	8350	7333	1450	267	267	267
22170	8331	11222	6382	3542	2053	3085	1953
18946	6395	8313	6395	2884	1073	1073	1073

地区、学科及科研单位 Region，field and research unit	合计 Total			
	总额 （千元） Total value (thousand yuan)	10万元以上 Above 100 thousand yuan	其中：进口 （千元） Of which： Imported (thousand yuan)	10万元以上 Above 100 thousand yuan
北京软件工程研制中心 Beijing Software Engineering Center	3792	1449	1449	1449
计算机网络信息中心 Computer Network Information Center	49360	35375	5620	5620
半导体研究所 Inst. of Semiconductors	98727	65921	64335	53894
微电子中心 Microelectronics R&D Center	119415	108747	111562	103746
电子学研究所 Inst. of Electronics	58486	23402	27307	16537
自动化研究所 Inst. of Automation	31952	17501	19882	14803
电工研究所 Inst. of Electric Engineering	31067	13598	18480	10761
工程热物理研究所 Inst. of Engineering Thermophysics	23528	11935	13730	11367
空间科学与应用研究中心 Center for Space Science and Applied Research	50958	20286	15694	10205
遥感卫星地面站 Remote Sensing Satellite Ground Station	100063	85934	76888	75067
自然科学史研究所 Inst. of History of Natural Sciences	1390	420		
科技政策与管理科学研究所 Inst. of Science Policy and Management	2950	560	610	560
河北省 Hebei Province	3969	940	1040	
石家庄农业现代化研究所 Shijiazhuang Inst. of Agricultural Modernization	3969	940	1040	
山西省 Shanxi Province	35307	16497	21352	15356
山西煤炭化学研究所 Shanxi Inst. of Coal Chemistry	35307	16497	21352	15356
辽宁省、山东省 Liaoning and Shandong provinces	397249	153331	253934	110611
沈阳应用生态研究所 Shenyang Inst. of Applied Ecology	19236	9038	9968	4987
沈阳计算技术研究所 Shenyang Inst. of Computing Technology	35353	24803	25696	19877

其中：90年代 Of which：In 1990s				其中：80年代 Of which：In 1980s			
总额（千元） Total value (thousand yuan)	10万元以上 Above 100 thousand yuan	其中：进口（千元） Of which：Imported (thousand yuan)	10万元以上 Above 100 thousand yuan	总额（千元） Total value (thousand yuan)	10万元以上 Above 100 thousand yuan	其中：进口（千元） Of which：Imported (thousand yuan)	10万元以上 Above 100 thousand yuan
2942	599	599	599	850	850	850	850
49360	35375	5620	5620				
68605	51324	46338	41961	21124	10727	12455	8303
62999	60406	60059	59800	46476	39429	41685	35034
32216	15989	16755	11330	17491	6393	8853	4950
20984	8270	11216	6855	10883	9231	8656	7948
18909	9746	13359	830	9003	3395	4685	1925
15810	9752	9941	9560	7094	1993	3789	1807
37956	16995	10439	8114	10740	2821	4834	2091
77217	72406	62261	61539	22846	13528	14627	13528
1390	420						
2800	560	610	560	150			
3351	940	955		292		73	
3351	940	955		292		73	
24365	13044	14459	12034	9719	3335	6545	3205
24365	13044	14459	12034	9719	3335	6545	3205
238058	102705	147646	76312	127609	39818	95615	30181
9343	5713	3775	3042	7892	2696	4893	1316
24838	18568	17451	14742	9499	6235	7868	5135

地区、学科及科研单位 Region, field and research unit	合计 Total			
	总额 (千元) Total value (thousand yuan)	10万元以上 Above 100 thousand yuan	其中：进口 (千元) Of which: Imported (thousand yuan)	10万元以上 Above 100 thousand yuan
沈阳自动化研究所 Shenyang Inst. of Automation	36075	27677	19335	6525
金属研究所 Inst. of Metals Research	109114	6911	57142	4884
金属腐蚀与防护研究所 Inst. of Corrosion and Protection of Metals	19250	13813	13053	10674
大连化学物理研究所 Dalian Inst. of Chemical Physics	119001	70757	80982	63345
海洋研究所 Inst. of Oceanology	59220	332	47758	319
吉林省、黑龙江省 Jilin and Heilongjiang provinces	195574	105491	117810	85949
长春物理研究所 Changchun Inst. of Physics	34693	14740	17199	10373
长春人造卫星观测站 Changchun Satellite Observation Station	3295	1660	506	110
长春应用化学研究所 Changchun Inst. of Applied Chemistry	83723	52196	60475	48635
长春地理研究所 Changchun Inst. of Geography	12178	7297	4653	3144
长春光学精密机械研究所 Changchun Inst. of Optics and Fine Mechanics	58130	27341	33606	22347
黑龙江农业现代化研究所 Heilongjiang Inst. of Agricultural Modernization	3555	2257	1371	1340
上海市、福建省 Shanghai, Fujian Province	846038	487736	572960	410096
上海原子核研究所 Shanghai Inst. of Nuclear Research	37974	19606	18323	14974
上海天文台 Shanghai Observatory	40450	28560	19786	14339
上海硅酸盐研究所 Shanghai Inst. of Ceramics	96584	56517	62961	50807
上海有机化学研究所 Shanghai Inst. of Organic Chemistry	65180	44981	45925	39402
上海植物生理研究所 Shanghai Inst. of Plant Physiology	40360	20195	30986	17122
上海昆虫研究所 Shanghai Inst. of Entomology	7680	2971	5674	2971

其中：90 年代 Of which：In 1990s				其中：80 年代 Of which：In 1980s			
总额（千元） Total value (thousand yuan)	10 万元以上 Above 100 thousand yuan	其中：进口（千元） Of which：Imported (thousand yuan)	10 万元以上 Above 100 thousand yuan	总额（千元） Total value (thousand yuan)	10 万元以上 Above 100 thousand yuan	其中：进口（千元） Of which：Imported (thousand yuan)	10 万元以上 Above 100 thousand yuan
26539	13993	11558	5637	8692	6940	7430	669
67758	4677	34937	3161	33535	1915	20153	1572
13081	9970	7781	6962	6069	3843	5272	3712
67587	49606	50279	42605	34587	18039	26238	17629
28912	178	21865	163	27335	150	23761	148
90164	58312	56930	46740	84669	41820	53095	34661
12160	6612	6197	4645	17421	7449	9661	5249
550		79		2482	1510	421	110
44337	31205	34054	29227	30404	17716	21832	16314
8485	5998	2203	1960	2690	806	1839	806
21945	12413	13057	9568	31116	14166	19311	12182
2687	2084	1340	1340	556	173	31	
561565	352872	390537	299868	252089	124549	168354	103283
17885	10451	7372	6905	18072	9155	10587	8069
19262	13219	14795	11984	18797	14578	3633	1592
54681	39151	39081	35629	34402	15169	21908	14484
51751	37852	36822	32702	11267	5903	7684	5474
26855	15464	20764	14136	11707	3316	9583	2986
2541	1162	1467	1162	4846	1662	3914	1662

地区、学科及科研单位 Region, field and research unit	合计 Total			
	总额 （千元） Total value (thousand yuan)	10万元以上 Above 100 thousand yuan	其中：进口 （千元） Of which: Imported (thousand yuan)	10万元以上 Above 100 thousand yuan
上海药物研究所 Shanghai Inst. of Materia Medica	46894	23146	35915	22893
上海生理研究所 Shanghai Inst. of Physiology	16562	6129	12521	5616
上海生物化学研究所 Shanghai Inst. of Biochemistry	61457	33076	44347	27443
上海细胞生物学研究所 Shanghai Inst. of Cell Biology	39480	21210	30295	19124
上海脑研究所 Shanghai Inst. of Brain Research	24242	11435	20130	11435
上海生物工程研究中心 Shanghai Bioengineering Research Center	35510	21580	31432	20877
上海冶金研究所 Shanghai Inst. of Metallurgy	79899	61827	58856	49927
上海光学精密机械研究所 Shanghai Inst. of Optics and Fine Mechanics	78416	33433	43988	28637
上海技术物理研究所 Shanghai Inst. of Technical Physics	112110	71990	79384	58093
福建物质结构研究所 Fujian Inst. of Research on the Structure of Matter	63240	31080	32437	26436
江苏省 Jiangsu Province	101117	52602	50708	35849
紫金山天文台 Purple Mountain Observatory	42110	22150	15514	13290
南京地理与湖泊研究所 Nanjing Inst. of Geography and Limnology	13646	7497	10167	6520
南京地质古生物研究所 Nanjing Inst. of Geology and Palaeontology	16401	7072	7318	3287
南京土壤研究所 Nanjing Inst. of Soil Science	28960	15883	17709	12752
安徽省 Anhui Province	217544	164126	118946	105119
固体物理研究所 Inst. of Solid State Physics	16050	7613	8711	7126
等离子体物理研究所 Inst. of Plasma Physics	155200	133713	90211	85647
合肥智能机械研究所 Hefei Inst. of Intelligent Machines	7938	4214	3022	2657

其中：90年代 Of which: In 1990s				其中：80年代 Of which: In 1980s			
总额（千元）Total value (thousand yuan)	10万元以上 Above 100 thousand yuan	其中：进口（千元）Of which: Imported (thousand yuan)	10万元以上 Above 100 thousand yuan	总额（千元）Total value (thousand yuan)	10万元以上 Above 100 thousand yuan	其中：进口（千元）Of which: Imported (thousand yuan)	10万元以上 Above 100 thousand yuan
27230	14778	20400	14778	14660	5463	11775	5351
11039	4819	8050	4439	5041	1310	4172	1177
49418	29925	35590	24413	12039	3151	8757	3030
29430	17147	21852	15061	9142	3740	7186	3740
23639	11096	19587	11096	603	339	543	339
20716	12942	16762	12239	14794	8638	14670	8638
47721	37618	33871	27545	31115	24209	24757	22382
43472	25815	28053	22128	30866	7295	15298	6186
90003	62513	68662	50815	19682	9171	10597	7278
45922	18920	17409	14836	15056	11450	13290	10895
60320	35244	31033	24207	29345	14242	16645	9468
19158	8960	6780	5483	16297	10552	6544	5778
10988	7016	8258	6039	2419	481	1783	481
12000	5811	3807	2386	3151	783	2802	783
18174	13457	12188	10299	7478	2426	5516	2426
78135	50908	21795	13374	46448	27595	17073	12168
5742	1386	2612	1027	10308	6227	6099	6099
46442	33637	6714	3684	22280	16226	4273	2923
5175	3541	2216	2100	2763	673	806	557

地区、学科及科研单位 Region，field and research unit	合计 Total			
	总额 （千元） Total value (thousand yuan)	10万元以上 Above 100 thousand yuan	其中：进口 （千元） Of which： Imported (thousand yuan)	10万元以上 Above 100 thousand yuan
安徽光学精密机械研究所 Anhui Inst. of Optics and Fine Mechanics	38356	18586	17002	9689
湖北省、湖南省 Hubei and Hunan provinces	125597	65847	78057	59043
武汉物理研究所 Wuhan Inst. of Physics	39384	28340	29571	27568
武汉岩土力学研究所 Wuhan Inst. of Rock and Soil Mechanics	16825	3411	3143	2959
测量与地球物理研究所 Inst. of Geodesy and Geophysics	11864	6801	7254	5170
武汉植物研究所 Wuhan Inst. of Botany	4700	1218	1503	565
水生生物研究所 Inst. of Hydrobiology	36921	19378	26983	16737
武汉病毒研究所 Wuhan Inst. of Virology	8385	3208	5008	2553
长沙大地构造研究所 Changsha Inst. of Geotectonics	4010	1521	1607	1521
长沙农业现代化研究所 Changsha Inst. of Agricultural Modernization	3508	1970	2988	1970
广东省 Guangdong Province	145784	86008	80110	51752
广州化学研究所 Guangzhou Inst. of Chemistry	20219	9054	11904	8817
广州地球化学研究所 Guangzhou Inst. of Geochemistry	21489	8964	17704	8591
南海海洋研究所 South China Sea Inst. of Oceanology	72439	57135	32678	25635
华南植物研究所 South China Inst. of Botany	16654	7069	10467	5190
广州电子研究所 Guangzhou Inst. of Electronic Technology	5630	1776	4400	1661
广州能源研究所 Guangzhou Inst. of Energy Conversion	9353	2010	2957	1858
四川省 Sichuan Province	109801	46998	62284	33763
成都有机化学研究所 Chengdu Inst. of Organic Chemistry	15876	9685	9485	7757

续表 5.6

其中：90 年代 Of which: In 1990s				其中：80 年代 Of which: In 1980s			
总额（千元）Total value (thousand yuan)	10 万元以上 Above 100 thousand yuan	其中：进口（千元）Of which: Imported (thousand yuan)	10 万元以上 Above 100 thousand yuan	总额（千元）Total value (thousand yuan)	10 万元以上 Above 100 thousand yuan	其中：进口（千元）Of which: Imported (thousand yuan)	10 万元以上 Above 100 thousand yuan
20776	12344	10253	6563	11097	4469	5895	2589
84212	51021	53115	45298	38407	14301	23144	13220
27627	20979	21102	20307	11757	7361	8469	7261
11286	3008	2803	2686	5539	403	340	273
7881	4569	3990	3199	3983	2232	3264	1971
2988	1098	944	565	1662	120	529	
23970	16007	17606	13546	10685	2987	8060	2807
4798	2515	3067	2150	2947	552	1491	262
2846	1301	1301	1301	1142	220	305	220
2816	1544	2302	1544	692	426	686	426
71518	34285	46294	30184	68935	50330	31122	20477
9830	5272	5389	5035	8423	3111	5296	3111
20299	8674	16875	8301	1190	290	829	290
20140	11937	13204	10327	50335	44626	18365	14888
11566	5967	6986	4088	4338	1102	3115	1102
2591	715	1782	715	2838	1061	2618	946
7092	1720	2058	1718	1811	140	899	140
74555	32440	41708	22234	25527	10898	17186	10077
5277	2321	1085	742	10599	7364	8400	7015

地区、学科及科研单位 Region, field and research unit	合计 Total			
	总额（千元） Total value (thousand yuan)	10 万元以上 Above 100 thousand yuan	其中：进口（千元） Of which: Imported (thousand yuan)	10 万元以上 Above 100 thousand yuan
成都山地灾害与环境研究所 Chengdu Inst. of Mountain Hazards and Environment	10310	3140	8795	1450
成都生物研究所 Chengdu Inst. of Biology	17765	7800	12138	6586
成都计算机应用研究所 Chengdu Inst. of Computer Application	9890	3591	6935	3322
光电技术研究所 Inst. of Optics and Electronics	55960	22782	24931	14648
云南省、贵州省 Yunnan and Guizhou provinces	111026	50634	57429	43972
云南天文台 Yunnan Observatory	27721	17035	15269	12806
昆明植物研究所 Kunming Inst. of Botany	22844	10700	15046	10200
西双版纳热带植物园 Xishuangbanna Tropical Botanical Garden	10041	5768	5837	4469
昆明动物研究所 Kunming Inst. of Zoology	25472	1374	2445	1342
贵阳地球化学研究所 Guiyang Inst. of Geochemistry	24948	15757	18832	15155
陕西省 Shaanxi Province	116944	65759	32040	25390
陕西天文台 Shaanxi Observatory	56674	35159	10461	7617
水土保持研究所 Inst. of Soil and Water Conservation	17090	9130	12019	8213
西安光学精密机械研究所 Xi'an Inst. of Optics and Fine Mechanics	43180	21470	9560	9560
甘肃省、青海省 Gansu and Qinghai provinces	319738	176491	158406	101380
近代物理研究所 Inst. of Modern Physics	158831	79505	45884	17413
兰州化学物理研究所 Lanzhou Inst. of Chemical Physics	43486	35522	30745	28509
寒区旱区环境与工程研究所 Cold and Arid Regions Environmental and Engineering Research Institute, CAS	69298	31284	45395	27298
兰州冰川冻土研究所 Lanzhou Inst. of Glaciology and Geocryology	30640	7429	14023	5628

续表 5.6

其中：90 年代 Of which: In 1990s				其中：80 年代 Of which: In 1980s			
总额（千元） Total value (thousand yuan)	10 万元以上 Above 100 thousand yuan	其中：进口（千元） Of which: Imported (thousand yuan)	10 万元以上 Above 100 thousand yuan	总额（千元） Total value (thousand yuan)	10 万元以上 Above 100 thousand yuan	其中：进口（千元） Of which: Imported (thousand yuan)	10 万元以上 Above 100 thousand yuan
8839	622	6447	388	1100	350	950	203
12704	7022	8390	5808	4244	778	3139	778
9890	3591	6935	3322				
37845	18884	18851	11974	9584	2406	4697	2081
69975	28371	31094	25819	23649	8586	12811	7228
7570	2339	1123	551	8254	4672	5019	3414
16986	9200	10946	8700	4836	957	3385	957
8190	3801	3746	3569	1101	169	237	169
21163	1269	2034	1237	4108	105	351	105
16066	11762	13245	11762	5350	2683	3819	2583
38222	23915	22960	19649	23133	12760	6268	4876
14983	7117	4312	4001	8875	3778	3440	2751
14969	8528	11000	8000	1768	602	916	213
8270	8270	7648	7648	12490	8380	1912	1912
144413	84771	90579	61678	145796	76493	60608	24792
56674	20594	17683	3961	96633	57470	27514	13149
20622	18709	19238	15305	17339	5813	10509	
42787	27155	33772	25192	13292	2441	8149	1321
13597	6361	8438	5146	5880	556	2624	326

地区、学科及科研单位 Region, field and research unit	合计 Total			
	总额 (千元) Total value (thousand yuan)	10万元以上 Above 100 thousand yuan	其中：进口 (千元) Of which: Imported (thousand yuan)	10万元以上 Above 100 thousand yuan
兰州沙漠研究所 Lanzhou Inst. of Desert Research	9438	392	5913	316
兰州高原大气物理研究所 Lanzhou Inst. of Plateau Atmospheric Physics	29220	23463	25459	21354
兰州地质研究所 Lanzhou Inst. of Geology	21200	19822	20053	18986
青海盐湖研究所 Qinghai Inst. of Saline Lakes	19097	7521	11006	6661
西北高原生物研究所 Northwest Inst. of Plateau Biology	7826	2837	5323	2513
新疆维吾尔自治区 Xinjiang Uygur Autonomous Region	45224	23082	21353	12139
新疆物理研究所 Xinjiang Inst. of Physics	9943	4440	6555	3930
乌鲁木齐天文工作站 Ürümqi Astronomic Working Station	12439	9417	1895	896
新疆化学研究所 Xinjiang Inst. of Chemistry	8142	3605	2793	2493
新疆生态与地理研究所 Xinjiang Institute of Ecology and Geography	14700	5620	10110	4820

续表 5.6

其中：90年代 Of which: In 1990s				其中：80年代 Of which: In 1980s			
总额（千元） Total value (thousand yuan)	10万元以上 Above 100 thousand yuan	其中：进口（千元） Of which: Imported (thousand yuan)	10万元以上 Above 100 thousand yuan	总额（千元） Total value (thousand yuan)	10万元以上 Above 100 thousand yuan	其中：进口（千元） Of which: Imported (thousand yuan)	10万元以上 Above 100 thousand yuan
5142	316	3519		3493		2226	
24048	20478	21815	20046	3919	1885	3299	995
15442	14183	14425	13694	5700	5639	5603	5292
4679	2067	3011	1787	9932	4497	6515	4397
4209	2063	2450	1739	2900	633	2318	633
27414	16166	9465	5984	15104	6450	11077	5897
3534	1760	2047	1450	5685	2480	4408	2480
11441	9067	1672	896	833	350	223	
4619	1800	826	696	2546	1539	1686	1539
7820	3539	4920	2942	6040	2081	4760	1878

5.7 科研机构基本建设投资完成情况

Capital Expenditure in CAS Research Units

单位：千元 (thousand yuan)

年份 Year	基本建设投资实际完成额 Actual expenditure in capital investment	科研仪器设备 Scientific research instruments and equipment	科研土建工程 Civil engineering projects for scientific research	其中：自筹资金 Of which: Self-raised funds
1986	141148	62599	43860	3790
1987	152638	59629	62191	4313
1988	168314	63278	73879	3287
1989	177463	34237	72169	3273
1990	125973	26884	47643	4304
1991	207861	49102	117178	13465
1992	240261	48015	123587	25356
1993	201807	30491	71143	43480
1994	192109	38537	101711	34797
1995	248169	70464	113175	59702
1996	248257	77890	118014	75136
1997	335618	104899	125112	143847
1998	479977	193369	172057	149046
1999	605470	139350	226366	105697

5.8 科研机构基本建设投资完成情况（1999 年）
Capital Expenditure in CAS Research Units : 1999

单位：千元 (thousand yuan)

地区及学科 Region and field	基本建设投资实际完成额 Actual expenditure in capital investment	科研仪器设备 Scientific research instruments and equipment	科研土建工程 Civil engineering projects for scientific research	其中：自筹资金 Of which: Self-raised funds
总计 Total	**605470**	**139350**	**226366**	**105697**
一、按地区、分院分 By region and branch				
北京地区 Beijing	199356	72323	51063	34817
沈阳分院 Shenyang Branch	75531	260	27553	10997
长春分院 Changchun Branch	115339	41500	51170	36880
上海分院 Shanghai Branch	36170	820	20030	3810
南京分院 Nanjing Branch	14640	1790	1270	1020
合肥分院 Hefei Branch	9110	8950	160	1860
武汉分院 Wuhan Branch	10797		950	230
广州分院 Guangzhou Branch	34700		1100	100
成都分院 Chengdu Branch	15750		9780	4040
昆明分院 Kunming Branch	14854	1573	8841	6873
西安分院 Xi'an Branch	4933		4933	100
兰州分院 Lanzhou Branch	67500	12134	47366	2820
新疆分院 Xinjiang Branch	470		470	470
其他地区 Other regions	6320		1680	1680
二、按学科分 By field				
数学、物理 Mathematics & physics	147896	15904	67755	17126

地区及学科 Region and field	基本建设投资实际完成额 Actual expenditure in capital investment	科研仪器设备 Scientific research instruments and equipment	科研土建工程 Civil engineering projects for scientific research	其中：自筹资金 Of which: Self-raised funds
化学与化工 Chemistry & chemical engineering	138704	41280	65660	45424
地学 Earth sciences	53807	14430	14447	5964
生物学 Biological sciences	63521	4503	19238	9027
技术科学 Technological sciences	199592	63083	57466	28156
其他 Others	1950	150	1800	

5.9 科研机构科技活动课题基本情况
Basic Statistics of S&T Projects in CAS Research Units

年份 Year	课题数 Projects	课题组直接支出（千元） Direct expenditure by project group (thousand yuan)	课题组人员折合全时人数（人年） Full-time equivalent (man · year)	科学家、工程师 Scientists & engineers	其他科技人员 Other S&T personnel
1985	6220	298448	30650	23756	3410
1986	6217	256235	30337	23144	4850
1987	7091	334353	29125	22989	4733
1988	7579	406347	29565	24477	3543
1989	8287	478258	31015	26115	3434
1990	8476	500561	30283	26780	2074
1991	8051	472828	25463	22063	1838
1992	9503	665757	24769	22342	2259
1993	9922	8188096	26405	24010	2183
1994	9996	1129106	25374	23149	1940
1995	10139	1169028	23382	21774	1108
1996	9359	1144557	22742	21341	1065
1997	10011	1475554	24437	22945	1062

年 份 Year	课题数 Projects	课题组直接支出（千元） Direct expenditure by project group (thousand yuan)	课题组人员折合全时人数（人年） Full-time equivalent (man • year)	科学家、工程师 Scientists & engineers	其他科技人员 Other S&T personnel
1998	10738	1626599	24665	23173	997
1999	10346	1967568	23206	21989	799

注：课题数包括基础研究、应用研究、试验发展、研究与试验发展成果应用、科技服务和生产性活动课题。

Note: The figures include projects in basic research, applied research, experimental development, application of research and experimental development results, scientific and technical services and productive activities.

5.10 科研机构研究与发展课题基本情况
Basic Statistics of R&D Projects in CAS Research Units

年 份 Year	课题数 Projects	课题组直接支出（千元） Direct expenditure by project group (thousand yuan)	课题组人员折合全时人数（人年） Full-time equivalent (man • year)	科学家、工程师 Scientists & engineers	其他科技人员 Other S&T personnel
1985	5986	292147	29622	23135	3272
1986	5726	201145	26363	20096	4187
1987	6618	315245	27052	21539	4243
1988	7078	371698	27153	22856	3188
1989	7696	435509	28272	24323	2926
1990	8028	456186	28354	25363	1849
1991	7272	381604	21995	19540	1403
1992	8790	571472	22346	20330	1919
1993	9265	710487	24223	22211	1887
1994	9436	969697	23337	21452	1674
1995	9622	1034207	21824	20479	961
1996	8812	1030956	21192	19977	952
1997	9393	1303158	22621	21395	874
1998	10251	1477862	23208	21931	829
1999	9891	1800603	21942	20877	686

注：研究与发展课题数包括基础研究、应用研究、试验发展课题。

Note: R&D projects include basic and applied research and experimental development projects.

5.11 科研机构科技活动课题综合情况（1999 年）

Statistics of S&T Projects in CAS Research Units：1999

地区及学科 Region and field	课题数 Projects	当年开题数 Number of projects started	课题组直接支出（千元） Direct expenditure by project group (thousand yuan)	课题组人员折合全时人数（人年） Full-time equivalent (man • year)	科学家、工程师 Scientists & engineers	其他科技人员 Other S&T personnel
总计 Total	**10346**	**2728**	**1967568**	**23206**	**21989**	**799**
一、按地区、分院分 By region and branch						
北京地区 Beijing	3763	1002	724835	8694	8380	236
沈阳分院 Shenyang Branch	889	242	166582	1909	1832	60
长春分院 Changchun Branch	464	117	120663	1096	1066	26
上海分院 Shanghai Branch	1510	443	415578	4317	4026	127
南京分院 Nanjing Branch	443	115	44923	702	694	1
合肥分院 Hefei Branch	198	54	52051	691	619	52
武汉分院 Wuhan Branch	488	119	78971	841	798	26
广州分院 Guangzhou Branch	646	119	84211	969	910	43
成都分院 Chengdu Branch	321	93	61648	804	743	26
昆明分院 Kunming Branch	576	104	41767	850	779	64
西安分院 Xi'an Branch	160	53	32833	403	382	15
兰州分院 Lanzhou Branch	538	148	107358	1136	1043	68
新疆分院 Xinjiang Branch	184	66	21064	374	353	18
其他地区 Other regions	166	53	15084	422	365	37
二、按学科分 By field						
数学、物理 Mathematics & physics	1737	475	382872	4322	4070	175

地区及学科 Region and field	课题数 Projects	当年开题数 Number of projects started	课题组直接支出(千元) Direct expenditure by project group (thousand yuan)	课题组人员折合全时人数(人年) Full-time equivalent (man·year)	科学家、工程师 Scientists & engineers	其他科技人员 Other S&T personnel
化学与化工 Chemistry & chemical engineering	1463	462	351304	3965	3757	139
地学 Earth sciences	2073	508	234404	3415	3313	65
生物学 Biological sciences	2829	550	287877	4958	4719	174
技术科学 Technological sciences	2171	700	706450	6430	6013	246
其他 Others	73	33	4660	116	116	

5.12 科研机构科技活动

Total S&T Projects in CAS

地区及学科 Region and field	基础研究课题 Basic research				
	课题数 Projects	课题组直接支出（千元） Direct expenditure by project group (thousand yuan)	课题组人员折合全时人数（人年） Full-time equivalent (man·year)	科学家、工程师 Scientists & engineers	课题数 Projects
总计 Total	**4038**	**578887**	**8022**	**7725**	**5272**
一、按地区、分院分 By region and branch					
北京地区 Beijing	1608	214684	3317	3235	1888
沈阳分院 Shenyang Branch	194	18977	355	343	540
长春分院 Changchun Branch	98	20046	199	196	294
上海分院 Shanghai Branch	665	130885	1561	1491	729
南京分院 Nanjing Branch	219	18740	385	382	190
合肥分院 Hefei Branch	70	22403	261	250	102
武汉分院 Wuhan Branch	243	30886	349	333	226
广州分院 Guangzhou Branch	240	13680	280	273	332
成都分院 Chengdu Branch	58	3097	85	84	190
昆明分院 Kunming Branch	299	20060	484	465	204
西安分院 Xi'an Branch	23	1175	44	41	119
兰州分院 Lanzhou Branch	280	80761	630	565	202
新疆分院 Xinjiang Branch	34	3362	62	59	130
其他地区 Other regions	7	131	9	9	126

课题按活动类型分类（1999 年）

Research Units，by Type of Research：1999

应用研究课题 Applied research			试验发展课题 Experimental development			
课题组直接支出（千元）Direct expenditure by project group (thousand yuan)	课题组人员折合全时人数（人年）Full-time equivalent (man·year)	科学家、工程师 Scientists & engineers	课题数 Projects	课题组直接支出（千元）Direct expenditure by project group (thousand yuan)	课题组人员折合全时人数（人年）Full-time equivalent (man·year)	科学家、工程师 Scientists & engineers
1051244	**12212**	**11596**	**581**	**170472**	**1708**	**1556**
405687	4510	4348	107	41269	389	368
113708	1172	1119	108	21894	291	286
81117	712	692	49	15160	127	121
218603	2338	2180	52	29862	185	157
14794	250	246	9	5197	28	27
24570	328	289	9	1637	32	29
31160	394	378	11	2944	38	33
54743	523	498	53	9401	114	102
31174	535	496	64	25818	167	151
13419	257	228	45	3967	66	52
20350	311	297	5	440	10	10
20898	391	371	26	2711	55	50
12537	242	232	13	3733	50	42
8484	249	222	30	6440	156	126

地区及学科 Region and field	基础研究课题 Basic research				
	课题数 Projects	课题组直接支出（千元） Direct expenditure by project group (thousand yuan)	课题组人员折合全时人数（人年） Full-time equivalent (man·year)	科学家、工程师 Scientists & engineers	课题数 Projects
二、按学科分 By field					
数学、物理 Mathematics & physics	1025	212490	2415	2304	590
化学与化工 Chemistry & chemical engineering	405	96063	1069	1048	886
地学 Earth sciences	975	99971	1581	1535	1023
生物学 Biological sciences	1228	116843	2076	1999	1399
技术科学 Technological sciences	376	51103	808	767	1333
其他 Others	29	2416	72	72	41

续表

地区及学科 Region and field	研究与试验发展成果应用课题 Application of R&D results				
	课题数 Projects	课题组直接支出（千元） Direct expenditure by project group (thousand yuan)	课题组人员折合全时人数（人年） Full-time equivalent (man·year)	科学家、工程师 Scientists & engineers	课题数 Projects
总计 Total	**229**	**79941**	**631**	**547**	**209**
一、按地区、分院分 By region and branch					
北京地区 Beijing	97	29510	278	248	56
沈阳分院 Shenyang Branch	32	9124	63	57	14
长春分院 Changchun Branch	17	3788	48	47	6
上海分院 Shanghai Branch	27	26754	115	91	34

应用研究课题 Applied research			试验发展课题 Experimental development			
课题组直接支出（千元）Direct expenditure by project group (thousand yuan)	课题组人员折合全时人数（人年）Full-time equivalent (man·year)	科学家、工程师 Scientists & engineers	课题数 Projects	课题组直接支出（千元）Direct expenditure by project group (thousand yuan)	课题组人员折合全时人数（人年）Full-time equivalent (man·year)	科学家、工程师 Scientists & engineers
110440	1506	1398	40	19956	138	127
198605	2312	2204	111	27504	381	325
124391	1689	1641	35	3973	81	75
144239	2548	2429	114	16503	210	179
471680	4119	3886	280	102394	896	846
1888	38	38	1	142	3	3

continued

科技服务课题 S&T services			生产性活动课题 Production activities			
课题组直接支出（千元）Direct expenditure by project group (thousand yuan)	课题组人员折合全时人数（人年）Full-time equivalent (man·year)	科学家、工程师 Scientists & engineers	课题数 Projects	课题经费内部支出（千元）Intramural expenditure by project group (thousand yuan)	课题组人员折合全时人数（人年）Full-time equivalent (man·year)	科学家、工程师 Scientists & engineers
77322	**563**	**508**	**17**	**9702**	**71**	**58**
27572	165	152	7	6114	34	29
2779	26	25	1	100	2	2
552	9	9				
8808	102	90	3	668	17	16

地区及学科 Region and field	研究与试验发展成果应用课题 Application of R&D results				
	课题数 Projects	课题组直接支出（千元） Direct expenditure by project group (thousand yuan)	课题组人员折合全时人数（人年） Full-time equivalent (man·year)	科学家、工程师 Scientists & engineers	课题数 Projects
南京分院 Nanjing Branch	4	117	5	5	21
合肥分院 Hefei Branch	9	1857	36	30	7
武汉分院 Wuhan Branch	3	145	1	1	5
广州分院 Guangzhou Branch	8	3303	25	15	12
成都分院 Chengdu Branch	2	1087	8	4	7
昆明分院 Kunming Branch	10	2605	11	8	17
西安分院 Xi'an Branch	3	126	4	4	8
兰州分院 Lanzhou Branch	11	587	19	19	18
新疆分院 Xinjiang Branch	5	923	15	15	2
其他地区 Other regions	1	16	4	4	2
二、按学科分 By field					
数学、物理 Mathematics & physics	38	10602	98	91	40
化学与化工 Chemistry & chemical engineering	38	22965	125	109	22
地学 Earth sciences	8	342	8	8	31
生物学 Biological sciences	32	3891	49	46	54
技术科学 Technological sciences	112	41965	350	292	61
其他 Others	1	177	1	1	1

科技服务课题 S&T services			生产性活动课题 Production activities			
课题组直接支出（千元） Direct expenditure by project group (thousand yuan)	课题组人员折合全时人数（人年） Full-time equivalent (man · year)	科学家、工程师 Scientists & engineers	课题数 Projects	课题经费内部支出（千元） Intramural expenditure by project group (thousand yuan)	课题组人员折合全时人数（人年） Full-time equivalent (man · year)	科学家、工程师 Scientists & engineers
6075	34	34				
1224	26	20	1	360	9	2
13836	59	53				
2985	25	21	1	100	1	1
473	10	9				
1691	31	25	1	26	1	1
8635	28	26	2	2107	4	4
2173	38	35	1	228	3	3
508	6	6				
13	4	4				
26779	155	140	4	2605	12	10
6068	77	69	1	100	1	1
5499	53	51	1	228	3	3
6366	74	66	2	34	1	1
32573	203	180	9	6735	54	43
38	1	1				

5.13 科研机构科技活动

Total S&T Projects in CAS

地区及学科 Region and field	合 计 Total			国 家	
	课题数 Projects	课题组直接支出 (千元) Direct expenditure by project group (thousand yuan)	课题组人员折合全时人数 (人年) Full-time equivalent (man · year)	课题数 Projects	课题组直接支出 (千元) Direct expenditure by project group (thousand yuan)
总计 Total	**10346**	**1967568**	**23206**	**4949**	**1050078**
一、按地区、分院分 By region and branch					
北京地区 Beijing	3763	724835	8694	2258	396376
沈阳分院 Shenyang Branch	889	166582	1909	463	102072
长春分院 Changchun Branch	464	120663	1096	232	82535
上海分院 Shanghai Branch	1510	415578	4317	641	199356
南京分院 Nanjing Branch	443	44923	702	152	21850
合肥分院 Hefei Branch	198	52051	691	105	30296
武汉分院 Wuhan Branch	488	78971	841	190	23838
广州分院 Guangzhou Branch	646	84211	969	216	44861
成都分院 Chengdu Branch	321	61648	804	108	29231
昆明分院 Kunming Branch	576	41767	850	170	14875
西安分院 Xi'an Branch	160	32833	403	102	27429
兰州分院 Lanzhou Branch	538	107358	1136	224	68341
新疆分院 Xinjiang Branch	184	21064	374	44	3986
其他地区 Other regions	166	15084	422	44	5031

课题按任务来源分类（1999 年）

Research Units, by Source of Project: 1999

State	中国科学院 CAS			地 方 Locality		
课题组人员折合全时人数（人年）Full-time equivalent (man·year)	课题数 Projects	课题组直接支出（千元）Direct expenditure by project group (thousand yuan)	课题组人员折合全时人数（人年）Full-time equivalent (man·year)	课题数 Projects	课题组直接支出（千元）Direct expenditure by project group (thousand yuan)	课题组人员折合全时人数（人年）Full-time equivalent (man·year)
11843	**2424**	**443196**	**5421**	**1130**	**121560**	**1931**
5227	845	203732	1991	103	23683	167
1087	172	20584	337	111	10109	193
610	103	18833	244	78	7688	149
2085	362	94976	954	194	24820	415
259	133	16192	271	54	3175	73
349	42	11686	172	13	2283	36
305	165	17124	255	53	10471	115
316	122	9853	190	196	13899	288
337	82	5811	150	32	7013	62
326	126	8174	167	158	11498	203
294	26	2351	48	6	364	14
435	132	22739	392	64	4874	112
109	60	6316	135	33	929	39
104	54	4825	115	35	754	66

地区及学科 Region and field	合 计 Total			国 家	
	课题数 Projects	课题组直接支出（千元） Direct expenditure by project group (thousand yuan)	课题组人员折合全时人数（人年） Full-time equivalent (man • year)	课题数 Projects	课题组直接支出（千元） Direct expenditure by project group (thousand yuan)
二、按学科分 By field					
数学、物理 Mathematics & physics	1737	382872	4322	919	200944
化学与化工 Chemistry & chemical engineering	1463	351304	3965	697	188303
地学 Earth sciences	2063	232619	3389	1017	146885
生物学 Biological sciences	2839	289663	4984	1094	126091
技术科学 Technological sciences	2171	706450	6430	1195	386381
其他 Others	73	4660	116	27	1476

续表

地区及学科 Region and field	企业委托 Entrusted by enterprises			自 选	
	课题数 Projects	课题组直接支出（千元） Direct expenditure by project group (thousand yuan)	课题组人员折合全时人数（人年） Full-time equivalent (man • year)	课题数 Projects	课题组直接支出（千元） Direct expenditure by project group (thousand yuan)
总计 Total	**533**	**123090**	**1215**	**747**	**107474**
一、按地区、分院分 By region and branch					
北京地区 Beijing	164	26743	343	195	38325
沈阳分院 Shenyang Branch	67	27925	151	47	1375
长春分院 Changchun Branch	24	6317	45	7	1118
上海分院 Shanghai Branch	65	16828	159	169	38117

State	中国科学院 CAS			地 方 Locality		
课题组人员折合全时人数（人年）Full-time equivalent (man • year)	课题数 Projects	课题组直接支出（千元）Direct expenditure by project group (thousand yuan)	课题组人员折合全时人数（人年）Full-time equivalent (man • year)	课题数 Projects	课题组直接支出（千元）Direct expenditure by project group (thousand yuan)	课题组人员折合全时人数（人年）Full-time equivalent (man • year)
2069	445	109574	1336	90	17566	228
2046	253	62999	670	148	14606	304
1802	567	50631	979	268	17028	341
2229	849	74531	1401	432	32213	640
3663	284	143302	980	186	39916	416
35	26	2158	56	6	231	3

continued

Self-selected	国际合作 International cooperation			其他 Others		
课题组人员折合全时人数（人年）Full-time equivalent (man • year)	课题数 Projects	课题组直接支出（千元）Direct expenditure by project group (thousand yuan)	课题组人员折合全时人数（人年）Full-time equivalent (man • year)	课题数 Projects	课题组直接支出（千元）Direct expenditure by project group (thousand yuan)	课题组人员折合全时人数（人年）Full-time equivalent (man • year)
1576	**331**	**92714**	**775**	**232**	**29456**	**446**
519	115	28046	287	83	7930	160
77	20	2859	47	9	1658	17
14	8	2908	16	12	1264	19
435	65	39406	223	14	2076	46

地区及学科 Region and field	企业委托 Entrusted by enterprises			自 选	
	课题数 Projects	课题组直接支出（千元） Direct expenditure by project group (thousand yuan)	课题组人员折合全时人数（人年） Full-time equivalent (man • year)	课题数 Projects	课题组直接支出（千元） Direct expenditure by project group (thousand yuan)
南京分院 Nanjing Branch	16	551	19	58	1257
合肥分院 Hefei Branch	9	2056	33	17	1922
武汉分院 Wuhan Branch	12	13145	64	49	6076
广州分院 Guangzhou Branch	28	4117	53	54	5047
成都分院 Chengdu Branch	63	16288	183	9	351
昆明分院 Kunming Branch	16	445	17	52	1565
西安分院 Xi'an Branch	3	708	5	14	1261
兰州分院 Lanzhou Branch	40	4609	85	45	2769
新疆分院 Xinjiang Branch	13	2289	27	19	5903
其他地区 Other regions	13	1070	31	12	2390
二、按学科分 By field					
数学、物理 Mathematics & physics	56	25899	186	125	16147
化学与化工 Chemistry & chemical engineering	111	22184	298	181	19619
地学 Earth sciences	67	4836	89	67	5592
生物学 Biological sciences	86	7224	121	197	22536
技术科学 Technological sciences	208	62735	515	172	43343
其他 Others	5	213	6	5	238

Self-selected	国际合作 International cooperation			其他 Others		
课题组人员折合全时人数（人年）Full-time equivalent (man • year)	课题数 Projects	课题组直接支出（千元）Direct expenditure by project group (thousand yuan)	课题组人员折合全时人数（人年）Full-time equivalent (man • year)	课题数 Projects	课题组直接支出（千元）Direct expenditure by project group (thousand yuan)	课题组人员折合全时人数（人年）Full-time equivalent (man • year)
54	27	1796	24	3	103	3
66	3	1428	10	9	2381	25
62	17	8104	37	2	214	4
72	14	859	18	16	5575	31
16	5	751	12	22	2204	44
56	32	3354	51	22	1856	29
25	4	480	7	5	240	9
58	10	1008	17	23	3018	37
33	7	1077	17	8	565	14
89	4	639	10	4	373	8
322	33	5988	73	69	6756	108
384	55	40284	227	18	3308	37
72	44	4794	62	33	2852	45
291	139	23648	227	42	3420	76
502	59	17857	183	67	12917	172
5	1	142	3	3	203	8

5.14 科研机构研究与发展课题按社会-经济目标分类(1999 年)

R&D Projects in CAS Research Units, by Socio-Economic Objective: 1999

社会-经济目标 Socio-Economic objective	课题数合计 Total projects	课题组直接支出(千元) Direct expenditure by project group (thousand yuan)	课题组人员折合全时人数(人年) Full-time equivalent (man·year)		
				科学家、工程师 Scientists & engineers	其他科技人员 Other S&T personnel
合计 Total	**9891**	**1800604**	**21943**	**20878**	**686**
陆地、海洋与大气的开发与评价 Exploration and assessment of the earth, the sea and the atmosphere	571	106725	1091	1063	17
民用宇宙空间开发 Exploration of civil space	251	92915	729	693	21
农业、林业与渔业的发展 Development of agriculture, forestry and fishing	1347	122785	2381	2275	73
促进工业的发展 Promotion of industrial development	703	171900	1827	1714	79
能源的生产、储存和分配 Production, conservation and distribution of energy	424	132025	1205	1112	59
交通、通信事业的发展 Development of transport and communication	211	68767	637	603	23
教育事业的发展 Development of educational services	22	3187	40	38	1
卫生事业的发展 Development of health services	615	88547	1311	1248	53
社会发展和社会-经济服务 Social development and socio-economic services	581	93690	1321	1271	38
环境保护 Environment Protection	599	62647	1074	1041	23
知识的全面发展 General development of knowledge	3459	526018	6988	6723	175
其他民用目标 Other civil aims	468	71508	1105	1031	47
国防 National defense	640	259890	2065	1898	79

5.15 科研机构科技活动课题按技术领域分类（1999 年）

Total S&T Projects in CAS Research Units，by Type of Technology：1999

技术领域 Type of technology	课题数合计 Total projects	课题组直接支出（千元） Direct expenditure by project group (thousand yuan)	课题组人员折合全时人数（人年） Full-time equivalent (man · year)	科学家、工程师 Scientists & engineers	其他科技人员 Other S&T personnel
合计 Total	**6236**	**1375145**	**14973**	**14058**	**620**
信息技术 Information technology	1166	327357	3441	3286	111
生物技术 Biotechnology	1458	179663	2841	2709	101
新材料 New materials	755	191028	2060	1901	93
能源技术 Energy technology	399	93206	944	866	56
激光技术 Laser technology	234	91149	730	632	46
自动化技术 Automation technology	358	92750	797	747	34
航天技术 Space technology	240	164958	1013	960	33
海洋技术 Oceanological technology	188	49753	435	424	9
其他技术领域 Other technologies	1438	185281	2712	2535	137

5.16 科研机构科技著作

S&T Works Published by CAS Research Units

年份 Year	科技专著 S&T works		译成外文 Those translated into foreign languages		用作大专院校教科书 Those used as text books for universities and colleges		科普著作 Popular science books	
	万字 Ten thousand Chinese characters	种 Title	万字 Ten thousand Chinese characters	种 Title	万字 Ten thousand Chinese characters	种 Title	万字 Ten thousand Chinese characters	种 Title
1985	4323		288		293		601	
1986	4529		413		410		474	
1987	5625	195	717	21	945	33	587	37
1988	8191	455	667	38	854	36	818	35
1989	7798	297	356	18	432	22	984	37
1990	11477	345	285	20	769	27	931	47
1991	9221	319	625	19	900	23	1105	41
1992	8316	245	463	18	383	11	357	12
1993	9792	292	1294	38	125	6	405	16
1994	13978	334	1398	29	248	9	1005	42
1995	11922	337	741	23	241	8	518	25
1996	11044	297	1430	36	109	5	481	24
1997	9541	296	621	19	179	5	990	36
1998	12712	347	804	25	539	14	861	36
1999	14474	371	1866	32	337	12	1114	55

5.17 科研机构科技著作（1999年）

S&T Works Published by CAS Research Units：1999

地区及学科 Region and field	科技专著 S&T works		译成外文 Those translated into foreign languages		用作大专院校教科书 Those used as text books for universities and colleges		科普著作 Popular science books	
	万字 Ten thousand Chinese characters	种 Title	万字 Ten thousand Chinese characters	种 Title	万字 Ten thousand Chinese characters	种 Title	万字 Ten thousand Chinese characters	种 Title
总计 Total	**14474**	**371**	**1866**	**32**	**337**	**12**	**1114**	**55**
一、按地区、分院分 By region and branch								
北京地区 Beijing	9025	204	1232	13	111	3	956	40
沈阳分院 Shenyang Branch	894	27	178	4				
长春分院 Changchun Branch	114	11	18	2	37	4	43	6
上海分院 Shanghai Branch	628	21	130	3			20	2
南京分院 Nanjing Branch	992	26	65	2			20	1
合肥分院 Hefei Branch	60	3						
武汉分院 Wuhan Branch	686	21	80	2			11	1
广州分院 Guangzhou Branch	368	15	20	1			43	2
成都分院 Chengdu Branch	495	15			168	4		
昆明分院 Kunming Branch	431	11	91	3			2	1
西安分院 Xi'an Branch	288	6			21	1	19	2

地区及学科 Region and field	科技专著 S&T works		译成外文 Those translated into foreign languages		用作大专院校教科书 Those used as text books for universities and colleges		科普著作 Popular science books	
	万字 Ten thousand Chinese characters	种 Title	万字 Ten thousand Chinese characters	种 Title	万字 Ten thousand Chinese characters	种 Title	万字 Ten thousand Chinese characters	种 Title
兰州分院 Lanzhou Branch	220	7	52	2				
新疆分院 Xinjiang Branch	22	1						
其他地区 Other regions	197	3						
二、按学科分 By field								
数学、物理 Mathematics & physics	1172	43	180	6	21	1	37	4
化学与化工 Chemistry & chemical engineering	1054	39	83	5	47	5	43	6
地学 Earth sciences	3231	106	60	1	168	4	152	10
生物学 Biological sciences	4718	113	398	13	101	2	208	19
技术科学 Technological sciences	3145	55	1145	7			457	10
其他 Others	1154	15					217	6

5.18 支撑机构科技活动课题综合情况(1999 年)

Statistics of S&T Projects in CAS Supporting Units:1999

单位 Unit	课题数合计 Total projects	当年开课题数 Number of projects started	课题组直接支出(千元) Direct expenditure by project group (thousand yuan)	课题组人员折合全时人数(人年) Full-time equivalent (man·year)	科学家、工程师 Scientists & engineers	其他科技人员 Other S&T personnel
总计 Total	**725**	**236**	**39227**	**1369**	**1341**	**19**
中国科学技术大学 University of Science and Technology of China	570	199	20160	1086	1068	13
中国科学技术大学研究生院 Graduate School of the University of Science and Technology of China	70	23	1869	87	87	1
北京科学仪器研制中心 Beijing R&D Center for Scientific Instruments	5		1422	15	14	0
南京天文仪器研制中心 Nanjing R&D Center for Astronomical Instruments	23	6	7202	83	79	2
中国科学院文献情报中心 CAS Documentation and Information Center	12		724	23	22	1
上海文献情报中心 Shanghai Documentation and Information Center	3		67	2	2	0
武汉文献情报中心 Wuhan Documentation and Information Center	8	1	46	13	13	
成都文献情报中心 Chengdu Documentation and Information Center	8	1	40	3	3	
资源环境科学信息中心 Scientific Information Center for Resources and Environment	11	3	538	14	14	
西安黄土与第四纪地质研究室 Xi'an Laboratory of Loess and Quaternary Geology	14	3	4342	18	17	1
中国科学院国家基因研究中心 National Gene Research Center, CAS	1		2817	24	23	1

5.19 国家重点实验室

Basic Statistics of Staff in the

单位:人

国家重点实验室名称 Names of the state key laboratories	固定研究人员 Permanent researchers	
	合计 Total	高级 Senior
总计 **Total**	**1339**	**963**
数学、物理 Mathematics & physics	200	159
中国科学院武汉物理研究所波谱与原子分子物理国家重点实验室 State Key Laboratory of Magnetic Resonance and Atomic and Molecular Physics, Wuhan Institute of Physics, CAS	28	25
中国科学院物理研究所、半导体研究所表面物理国家重点实验室 State Key Laboratory of Surface Physics, Institute of Physics and Institute of Semiconductors, CAS	23	19
中国科学院声学研究所声场与声信息国家重点实验室 State Key Laboratory of Acoustics, Speech and Signal Processing, Institute of Acoustics, CAS	18	10
中国科学院物理研究所超导国家重点实验室 State Key Laboratory of Superconductivity, Institute of Physics, CAS	31	26
中国科学院物理研究所磁学国家重点实验室 State Key Laboratory of Magnetism, Institute of Physics, CAS	24	16
中国科学院力学研究所非线性力学国家重点实验室 State Key Laboratory of Nonlinear Mechanics, Institute of Mechanics, CAS	30	24
中国科学院数学与系统科学研究院科学与工程计算国家重点实验室 State Key Laboratory of Scientific and Engineering Computing, Academy of Mathematics & System Sciences, CAS	22	21
中国科学院半导体研究所半导体超晶格国家重点实验室 State Key Laboratory of Superlattices and Microstructures, Institute of Semiconductors, CAS	24	18
化　学 Chemistry	182	139
中国科学院大连化学物理研究所催化基础国家重点实验室 State Key Laboratory of Catalysis, Dalian Institute of Chemical Physics, CAS	17	17
中国科学院大连化学物理研究所、化学研究所分子反应动力学国家重点实验室 State Key Laboratory of Molecular Reaction Dynamics, Dalian Institute of Chemical Physics and Institute of Chemistry, CAS	25	23
分子动态与稳态结构国家重点实验室(中国科学院化学研究所、北京大学) State Key Laboratory of Structural Chemistry of Unstable and Stable Species, Institute of Chemistry, CAS and Peking University	35	28

人员情况(1999 年)

State Key Laboratories:1999

(person)

客座研究人员(人月) Guest researchers (person • month)			人才培养 Talent training		
合计 Total	国外 From aboard	国内高级 Senior	博士后 Postdocs	博士 Candidates for doctor's degree	硕士 Candidates for master's degree
3959	**267**	**1834**	**214**	**1091**	**857**
481	32	267	40	117	79
68		10	3	17	24
14	1	9	2	1	1
68	2	16	6	16	9
27	11	13	4	15	5
52	4	34	8	21	6
30	7	19	8	21	13
152		103	4	13	10
70	7	63	5	13	11
958	17	310	30	206	125
89	7	18	6	35	19
6	4		7	30	16
28		26	8	28	26

国家重点实验室名称 Names of the state key laboratories	固定研究人员 Permanent researchers	
	合计 Total	高级 Senior
中国科学院上海有机化学研究所生命有机化学国家重点实验室 State Key Laboratory of Bio-Organic and Natural Products Chemistry, Shanghai Institute of Organic Chemistry, CAS	28	17
中国科学院福建物质结构研究所结构化学国家重点实验室 State Key Laboratory of Structural Chemistry, Fujian Institute of Research on the Structure of Matter, CAS	33	16
中国科学院兰州化学物理研究所羰基合成和选择氧化国家重点实验室 State Key Laboratory of Oxo Synthesis and Selective Oxidation, Lanzhou Institute of Chemical Physics, CAS	26	20
中国科学院山西煤炭化学研究所煤炭转化国家重点实验室 State Key Laboratory of Coal Conversion, Shanxi Institute of Coal Chemistry, CAS	18	18
资源、环境 Resources & environment	256	198
中国科学院大气物理研究所大气科学及地球流体力学数值模拟国家重点实验室 State Key Laboratory of Numerical Modeling for Atmospheric Sciences and Geophysical Fluid Dynamics, Institute of Atmospheric Physics, CAS	49	40
中国科学院广州地球化学研究所有机地球化学国家重点实验室 State Key Laboratory of Organic Geochemistry, Guangzhou Institute of Geochemistry, CAS	22	19
中国科学院地理研究所资源与环境信息系统国家重点实验室 State Key Laboratory of Resources and Environmental Information System, Institute of Geography, CAS	25	18
中国科学院寒区旱区环境与工程研究所冻土工程国家重点实验室 State Key Laboratory of Frozen Soil Engineering, Cold and Arid Regions Environmental and Engineering Research Institute, CAS	25	21
中国科学院兰州地质研究所气体地球化学国家重点实验室 State Key Laboratory of Gas Geochemistry, Lanzhou Institute of Geology, CAS	31	20
中国科学院西安分院黄土与第四纪地质国家重点实验室 State Key Laboratory of Loess and Quaternary Geology, Xi'an Branch, CAS	13	12
中国科学院大气物理研究所大气边界层物理和大气化学国家重点实验室 State Key Laboratory of Atmospheric Boundary Layer Physics and Atmospheric Chemistry, Institute of Atmospheric Physics, CAS	26	20
环境模拟与污染控制国家重点实验室(清华大学、中国科学院生态环境研究中心、北京大学等) State Key Laboratory of Environmental Aquatic Chemistry, Tsinghua University, Research Center for Eco-Environmental Sciences, CAS, and Peking University	20	12

续表 5.19

客座研究人员(人月) Guest researchers (person · month)			人才培养 Talent training		
合计 Total	国外 From aboard	国内高级 Senior	博士后 Postdocs	博士 Candidates for doctor's degree	硕士 Candidates for master's degree
38		9	5	36	9
92	1	39	2	6	20
77	1	38	1	26	25
628	4	180	1	45	10
385	86	245	33	188	122
16	5	6	7	35	20
18		17	4	16	9
30	6	17	4	36	14
54	4	29	6	14	7
23	2	20		10	11
134	36	94		11	9
8		7	1	5	5
20	4	11	7	24	14

国家重点实验室名称 Names of the state key laboratories	固定研究人员 Permanent researchers	
	合计 Total	高级 Senior
中国科学院贵阳地球化学研究所环境地球化学国家重点实验室 State Key Laboratory of Environmental Geochemistry, Guiyang Institute of Geochemistry, CAS	24	18
中国科学院水土保持研究所黄土高原土壤侵蚀与旱地农业国家重点实验室 State Key Laboratory of Soil Erosion and Dryland Farming on Loess Plateau, Institute of Soil and Water Conservation, CAS	21	18
生物学 Biological sciences	288	183
中国科学院动物研究所、上海昆虫所等农业虫害鼠害综合治理国家重点实验室 State Key Laboratory of Integrated Management of Pest Insects and Rodents, Institute of Zoology and Shanghai Institute of Entomology, CAS	34	24
中国科学院生物物理研究所生物大分子国家重点实验室 State Key Laboratory of Biomacromolecules, Institute of Biophysics, CAS	25	18
中国科学院上海生物化学研究所分子生物学国家重点实验室 State Key Laboratory of Molecular Biology, Shanghai Institute of Biochemistry, CAS	23	12
中国科学院上海植物生理研究所植物分子遗传国家重点实验室 State Key Laboratory of Plant Molecular Genetics, Shanghai Institute of Plant Physiology, CAS	34	18
中国科学院水生生物研究所淡水生态与生物技术国家重点实验室 State Key Laboratory of Freshwater Ecology and Biotechnology, Institute of Hydrobiology, CAS	26	22
生物膜与膜生物工程国家重点实验室(中国科学院动物研究所、清华大学、北京大学) State Key Laboratory of Biomembranes and Membrane Biotechnology (Institute of Zoology, CAS; Tsinghua University and Peking University)	37	27
中国科学院动物研究所计划生育生殖生物学国家重点实验室 State Key Laboratory of Reproductive Biology, Institute of Zoology, CAS	36	17
中国科学院微生物研究所微生物资源前期开发国家重点实验室 State Key Laboratory of Microbial Resources, Institute of Microbiology, CAS	17	9
中国科学院上海药物研究所新药研究国家重点实验室 State Key Laboratory of Drug Research, Shanghai Institute of Materia Media, CAS	21	16
中国科学院遗传研究所植物细胞与染色体工程国家重点实验室 State Key Laboratory of Plant Cell and Chromosome Engineering, Institute of Genetics, CAS	24	12

客座研究人员(人月) Guest researchers (person · month)			人才培养 Talent training		
合计 Total	国外 From aboard	国内高级 Senior	博士后 Postdocs	博士 Candidates for doctor's degree	硕士 Candidates for master's degree
40	25	10		18	22
42	4	34	4	19	11
1324	41	512	42	307	244
133		59	5	31	13
36		6	3	30	41
52		31	3	29	17
186		82	4	31	27
193	24	23	1	35	25
106	1	41	5	47	46
175		95	2	22	9
333	12	114	3	11	18
27	3	18	7	29	23
63		31	5	14	10

国家重点实验室名称 Names of the state key laboratories	固定研究人员 Permanent researchers	
	合计 Total	高级 Senior
中国科学院化工冶金研究所生化工程国家重点实验室 State Key Laboratory of Biochemical Engineering, Institute of Chemical Metallurgy, CAS	11	8
技术科学 Technological sciences	413	284
中国科学院上海技术物理研究所红外物理国家重点实验室 State Key Laboratory of Infrared Physics, Shanghai Institute of Technical Physics, CAS	23	15
中国科学院上海冶金研究所、电子学研究所传感技术联合国家重点实验室 State Key Laboratory of Transducer Technology, Shanghai Institute of Metallurgy and Institute of Electronics, CAS	42	33
中国科学院长春光学精密机械研究所应用光学国家重点实验室 State Key Laboratory of Applied Optics, Changchun Institute of Optics and Fine Mechanics, CAS	32	22
中国科学院自动化研究所模式识别国家重点实验室 State Key Laboratory of Pattern Recognition, Institute of Automation, CAS	18	13
中国科技大学研究生院信息安全国家重点实验室 State Key Laboratory of Information Security, Graduate School of the University of Science and Technology of China, CAS	28	15
集成光电子学国家重点实验室(清华大学、吉林大学、中国科学院半导体研究所) State Key Laboratory of Integrated Photoelctronics (Tsinghua University, Jinlin University and Institute of Semiconductors, CAS)	14	13
中国科学院西安光学精密机械研究所瞬态光学技术国家重点实验室 State Key Laboratory of Transient Optics and Technology, Xi'an Institute of Optics and Fine Mechanics, CAS	19	15
中国科学院光电技术研究所微细加工光学技术国家重点实验室 State Key Laboratory of Optical Technologies on Microfabrication, Institute of Optics and Electronics, CAS	22	16
中国科学院上海冶金研究所信息功能材料国家重点实验室 State Key Laboratory of Functional Materials for Informatics, Shanghai Institute of Metallurgy, CAS	22	18
中国科学技术大学火灾科学国家重点实验室 State Key Laboratory of Fire Science, University of Science and Technology of China	39	18
中国科学院化学研究所工程塑料国家重点实验室 State Key Laboratory of Engineering Plastics, Institute of Chemistry, CAS	26	12

续表 5.19

客座研究人员(人月) Guest researchers (person · month)			人才培养 Talent training		
合计 Total	国外 From aboard	国内高级 Senior	博士后 Postdocs	博士 Candidates for doctor's degree	硕士 Candidates for master's degree
20	1	12	4	28	15
811	91	500	69	273	287
34	4	25	3	11	2
22		22	3	20	42
25		21	6	19	22
83	24	55	13	30	55
42	18	24	8	14	56
26		17	1	14	2
213	4	118	4	7	4
16		14		6	8
7	6	1	1	11	10
58	10	21	4	12	10
42		42	6	19	13

国家重点实验室名称 Names of the state key laboratories	固定研究人员 Permanent researchers	
	合计 Total	高级 Senior
中国科学院兰州化学物理研究所固体润滑国家重点实验室 State Key Laboratory of Solid Lubrication, Lanzhou Institute of Chemical Physics, CAS	26	19
中国科学院上海硅酸盐研究所高性能陶瓷和超微结构国家重点实验室 State Key Laboratory of High Performance Ceramics and Superfine Microstructure, Shanghai Institute of Ceramics, CAS	29	21
中国科学院金属腐蚀与防护研究所金属腐蚀与防护国家重点实验室 State Key Laboratory of Metal Corrosion and Protection, Institute of Corrosion and Protection of Metals, CAS	27	23
中国科学院金属研究所快速凝固非平衡合金国家重点实验室 State Key Laboratory of Rapidly Solidified Non-equilibrium Alloy, Institute of Metals Research, CAS	25	14
中国科学院金属研究所材料疲劳与断裂国家重点实验室 State Key Laboratory of Fatigue and Fracture of Materials, Institute of Metals Research, CAS	21	17

续表 5.19

客座研究人员(人月) Guest researchers (person · month)			人才培养 Talent training		
合计 Total	国外 From aboard	国内高级 Senior	博士后 Postdocs	博士 Candidates for doctor's degree	硕士 Candidates for master's degree
132	16	62	2	18	22
16		9	4	23	9
46	2	40	7	26	20
23	2	19	6	19	6
26	5	10	1	24	6

5.20 国家重点实验室

Basic Statistics of Research Projects Conducted

单位：个

学科 Field	合计 Total	攻关项目 State key projects	"863" 课题 "863" key projects
总　计 **Total**	**2666**	**169**	**110**
数学、物理 Mathematics & physics	316	10	7
化学 Chemistry	398	6	11
资源、环境 Resources & environment	566	46	8
生物学 Biological sciences	658	47	37
技术科学 Technological sciences	728	60	47

5.21 国家重点实验室科研

Statistics of Research Projects Funding

单位：千元

学科 Field	合计 Total	攻关项目 State key projects	"863" 课题 "863" key projects
总　计 **Total**	**244310**	**23495**	**18264**
数学、物理 Mathematics & physics	25693	3520	408
化学 Chemistry	28495	860	1360
资源、环境 Resources & environment	48360	2783	2470
生物学 Biological sciences	68392	3944	7025
技术科学 Technological sciences	73370	12388	7001

课题情况（1999 年）

by the State Key Laboratories：1999

(unit)

攀登计划 Climbing S&T heights plan	国家基金 State funded projects	部委课题 Projects at the ministerial level	学委会审批 Projects selected by academic committees	国际合作 International cooperative projects	其　他 Others
160	**603**	**635**	**578**	**150**	**261**
26	99	71	66	11	26
21	85	109	107	15	44
60	124	122	103	48	55
34	154	170	130	23	63
19	141	163	172	53	73

课题经费情况（1999 年）

for the State Key Laboratories ：1999

(thousand yuan)

攀登计划 Climbing S&T heights plan	国家基金 State funded projects	部委课题 Projects at the ministerial level	学委会审批 Projects selected by academic committees	国际合作 International cooperative projects	其　他 Others
18374	**41939**	**85103**	**9720**	**15739**	**31676**
2145	5735	9507	491	481	3406
3325	6611	7770	1386	1796	5387
5361	8511	17895	2536	5635	3169
3692	11565	24136	2685	4398	10947
3851	9517	25795	2622	3429	8767

5.22 国家重点实验室

Statistics of S&T Achievements Made

	获奖研究成果 Award-winning S&T						
	国家级奖 National awards					院、部 Academy and	
	特等 Special class	一等 1st class	二等 2nd class	三等 3rd class	四等 4th class	特等 Special class	一等 1st class
总　计 Total			**5**	**6**	**1**		**13**
数学、物理 Mathematics & physics					1		2
化学 Chemistry			2				2
资源、环境 Resources & environment				2			1
生物学 Biological sciences			1	2			3
技术科学 Technological sciences			2	2			5

科技成果情况（1999 年）

by the State Key Laboratories ：1999

achievements（项）(item) 委奖 ministerial awards 二等 2nd class	三等 3rd class	论文 Theses（篇）(No. of articles) 国内发表 Published domestically	国际发表 Published internationally	专著 Monographs（种）(title) 中文 Chinese languages	外文 Foreign languages	授权专利 Patents granted（发明）(Invention)（项）(item)
17	**16**	**2530**	**1317**	**69**	**3**	**58**
3	5	477	220	5		16
		352	194	6		10
4	1	409	82	13	2	6
2	7	499	336	15	1	20
8	3	793	485	30		6

主要统计指标解释

人　员

1. 从事科技活动人员

指职工总数中的科技管理人员、课题活动人员和科技服务人员。

科技管理人员　指院、所领导及业务、人事管理人员。包括：直接从事科技计划管理、课题管理、成果管理、专利管理、科技统计、科技档案管理、科技外事工作、人事管理、教育培训、财务等活动的人员。

课题活动人员　指编制在研究室或课题组的人员。

科技服务人员　指从事图书、情报、测试、试验、咨询、物资器材供应等工作的人员以及实验室、试验工厂（车间）、试验农场的人员。不包括司机、门卫、食堂人员、医务人员、清洁工，以及幼儿园、托儿所工作人员等。

2. 科学家、工程师

指具有大学毕业及以上学历的或具有高、中级技术职称（务）的人员。

3. 其他科技人员

指具有大、中专毕业学历或具有初级技术职称（务）的人员。

4. 从事生产、经营活动人员

指主要从事定型产品的批量生产、单位内部招待所、商店、出版印刷等生产经营和对外服务活动的人员。在机构下属经济实体中的院所编制人员也应包括在内。

经　常　费

1. 经常费

包括暂收（暂付）款，经常费收入中各项皆为毛收入。

2. 经常费收入

政府拨款获得收入　指由各级政府部门直接拨款或企事业单位利用政府资金委托本机构从事科学技术活动所获得的收入，包括科学事业费、科技专项费、科学技术基金和政府其他拨款。

●财政补助收入：指由中央或地方财政通过预算的形式拨给本机构的经费，包括正常经费和专项经费。单位收到由财政部门拨给主管部门和上级单位转拨的科学事业费，以及由财政部门拨给上级主管部门和上级单位以科研课题或项目下达的科学事业费，均属财政预算拨款。

●承担政府科研项目收入：指本机构为了开展科学研究、新产品试制、中间试验、科技成果示范性推广等科技活动，通过签订协议、合同或其它形式申请并获得的政府经费，包括课题专项、设备专项和其他专项。

技术性收入　指本机构从事科学技术活动所获得的非政府资金（毛收入），如：企事业单位和

社会团体利用自有资金委托本机构开展科学技术活动所提供的资金，由技术开发收入、技术转让收入、技术咨询及服务收入、学术活动和生产科普活动收入几项合计。

●来自企业：指本机构通过接受企业委托，为企业提供技术开发、技术咨询服务等形式从事科学技术活动而从企业获得的收入。

●技术开发收入：指本机构承接社会各方面委托的有关新技术、新产品、新工艺和新材料及其系统的研究开发任务而获得的收入。

●技术转让收入：指本机构通过专利权转让、专利申请权转让、专利实施许可、非专利技术的转让所获得的收入。

●咨询及服务收入：指本机构利用本单位人力、物力和数据系统为用户提供技术情报、技术资料、技术咨询、测试分析，引进技术消化吸收和其他类型的技术性服务所获得的收入。

经营收入　指本机构在科研、技术等专业业务活动以外开展非独立核算的经营活动取得的收入，包括产品（商品）销售收入、经营服务收入、工程承包收入、租赁收入和其他经营收入。

其他收入　指除上述各项以外的收入，包括：国内外社会和个人赞助、捐赠、以及借款等。

借贷款　指本机构从各种渠道得的各类借贷款。不论偿还形式、期限和数额如何，均按当年获得的借贷款额填报。不包括基本建设贷款。

3. 经常费支出

●人员费用：指本机构以货币和实物形式直接或间接支付给本机构人员的全部费用。包括基本工资、补助工资和其他工资；包括缴拨的工会经费、提取的工作人员福利费、独生子女保健费及各项补贴、长休人员工资、职工探亲旅费以及职工死亡丧葬费和遗属补助；包括支付给离退休人员的离退休金，交纳的各项社会保险费，包括社会养老保险、待业保险、医疗保险、住房公积金等各项开支；包括支付给研究生的助学金、奖学金等开支。

●公务费：指本机构用于组织和管理专业业务及辅助活动发生的各项开支，包括办公费、邮电通信费、水电费、会议费、宣传费、工作人员差旅费、车船油料费、养路费、单位财产保险费等。

●设备购置费：指本机构使用非基建投资购建固定资产的实际支出额，固定资产指长期使用而不改变原有的实物形态且单位价值在规定标准以上的主要物资设备。如科研仪器设备、图书资料、实验材料和标本以及其他设备和家具、房屋和建筑物。

●科研业务费：指本机构用于科学研究与技术开发活动的全部实际消耗性支出。例如：用于研究与开发的原材料费、水电能源费、差旅费、加工试验费、设备使用费、计算机机时费、资料印刷费等。培训研究生的消耗性支出也一并统计，但不包括劳务费和固定资产购建支出。

●其他费用：指本机构除上述各项以外的支出。

经营支出　指用于生产、经营活动的全部实际消耗性支出。包括人员费用、设备购置费、原材料费、加工费等，以及销售过程中发生的各种支出和经营行为有关的各项税金。

基本建设

1. 基本建设投资实际完成额

指本机构在报告期内完成的用货币表示的基本建设工作量。

2. 自筹

指在当年基本建设投资实际完成额中自筹投资的部分，自筹部分应包括拨改贷后须由机构自身偿还的贷款。

3. 科研仪器设备

指本机构在基本建设投资的实际完成额中购置的科研仪器设备总值。非科研设备购置不计入此项。

4. 科研土建工程

指本机构在基本建设投资的实际完成额中完成的科研土建工作量(如科研楼、试验用房等)。非科研土建工程（如住房等）不计入此项。

科 技 活 动

1. 课题活动类型

基础研究 指为获得新知识而进行的独创性研究。其目的是揭示观察到的现象和事实的基本原理和规律，而不以任何特定的实际应用为目的。

应用研究 指为获得新的科学技术知识而进行的独创性研究。它主要针对某一特定的实际应用目的。应用研究通常是为了确定基础研究成果或知识的可能的用途，或是为达到某一具体的、预定的实际目的确定新的方法（原理性）或途径。

●区分基础研究与应用研究的主要标志：具有特定的实际应用目的的研究属于后者。

试验发展 利用从研究或实际经验获得的知识，为生产新的材料、产品和装置，建立新的工艺和系统，以及对已生产或建立的上述各项进行实质性的改进，而进行的系统性工作。

●区分科学研究（基础研究和应用研究）与试验发展的主要标志：前者主要是为了增加科学技术知识，后者则是为了开辟新的应用（如新材料或新技术）。

●区分科学研究与试验发展及其他有关活动的主要标志：具有创新成分的活动归于前者。

研究与试验发展成果应用 为解决R&D活动阶段产生的新产品、新装置、新工艺、新技术、新方法、新系统和服务等能投入生产或在实际中运用所存在的技术问题而进行的系统性活动。它不具有创新成分。此类活动包括为达到生产目的而进行的定型设计和试制以及为扩大新产品生产规模和新方法、新技术、新工艺等的应用领域而进行的适应性试验。

●研究与试验发展、研究与试验发展成果应用和工业生产活动三者之间的界限大致如下划分：

(1) 新产品的研制

实质性的新产品，即完全新的新产品或对现有产品的性能进行重大改进的设计、制造和试验，是研究与试验发展活动。对引进（或购买）现成的技术成果（如专利、技术诀窍、图纸和样机等）进行复制或直接应用而形成新产品的过程，不是研究与试验发展活动，而是研究与试验发展成果应用活动。

(2) 新工艺、新方法的研制

对新工艺、新方法的研制或对现有工艺、生产过程进行技术上实质性的改进，是研究与试验发展。采用国内已有的生产工艺或生产过程，而在技术上没有实质性的改进，只是对采用的生产工艺或生产过程作适应性的试验，不属于研究与试验发展，而是研究与试验发展成果应用活动。

(3) 中间试验

新产品、新工艺、新生产过程直接用于生产前，往往要进行中间试验，以解决一系列的技术问题，情况比较复杂，对其是否属于研究与试验发展应视具体情况而定。

如果进行中间试验的直接目的是为了从技术上进一步改进产品、工艺或生产过程或为此目的进行试验以获得经验和收集数据，是研究与试验发展；如果为了进行产品的定型设计，获取生产所需的技术参数，那么就不是研究与试验发展，而是研究与试验发展成果应用活动。

(4) 试生产

试生产是在完成了生产前的各项技术准备后，在正式生产前的“试验性”生产。试生产的直接目的不是对产品或生产过程在技术方面作进一步的改进，而是为了使生产能顺利地进行，因而既不属于研究与试验发展，也不属于研究与试验发展成果应用活动。

(5) 质量控制与检验测试

生产过程的质量控制及材料、设备、产品的常规检验、测试，不属于研究与试验发展，也不属于研究与试验发展成果应用活动，原型检验测试和非商业性的试验工厂（中试车间）中的检验测试，属于研究与试验发展。

(6) 市场研究

既不是研究与试验发展，也不是研究与发展成果应用活动。

科技服务　与科学研究与试验发展有关，并有助于科学技术知识的产生、传播和应用的活动。包括：为扩大科技成果的使用范围，而进行的示范性推广工作；为用户提供科技情报和文献服务的系统性工作；为用户提供可行性报告、技术方案、建议及进行技术论证等技术咨询工作；自然、生物现象的日常观测、监测，资源的考察和勘探；有关社会、人文、经济现象的通用资料的收集，如统计、市场调查等，以及这些资料的常规分析与整理；为社会和公众提供的测试、标准化、计量、计算、质量控制和专利服务，不包括工商企业为进行正常生产而开展的上述活动。

生产性活动　由于具备特殊的工艺设备条件，或掌握某种技术专长或诀窍，所进行的小量非常规生产。

2. 技术领域分类

信息技术　指研制计算机硬件、软件、外部设备、通信网络设备的活动，以及利用计算机硬件、软件及数字传递网对信息进行文字、图形、特征识别、信息采集、信息处理和传递的活动。

生物技术　包括基因工程、细胞工程、酶工程和发酵工程，指为了生物技术本身的发展，就有关原理、技术、特种工艺、测试、仪器而进行的活动，以及利用生物技术为农、林、牧、渔、医药卫生、化学、食品、轻工等部门提供生物技术新产品而开展的活动。无特定目标或虽有特定目标但不是为促进生物技术发展而开展的有关生命科学的研究不包括在此分类内。

新材料　指新近发展或正在研制的具有优异性能或特定功能的材料，如新型无机非金属材料、新型有机合成材料、新型金属和合金材料。包括为发展新材料就有关原理、技术、新产品、特种工艺、测试而进行的活动。

能源技术　包括能源问题一般理论，地区性能源综合开发与利用，石油、天然气、煤炭、可再生能源的开发与利用，新能源（太阳能、生物能、核能、海洋能等）的研制开发与利用，节能新技术，能源转换和储存新技术等活动。

激光技术　激光器和激光调制技术的研制，以及为了激光在工业、农业、医学、国防等领域内的应用而进行的活动。

自动化技术　指在控制系统、自动化技术应用、自动化元件、仪表与装置，人工智能自动化、机器人等领域中的活动。

航天技术　有关运载火箭及人造卫星本体的研究及有关为了跟踪、通信而使用的地面设备的研究而进行的活动。不包括天文学及气象观察。

海洋技术　包括有关维护海洋权益和公益服务技术研究、海洋生物资源的开发利用及产业化、海洋油气勘探开发技术、海洋环境要素监测技术等活动。

其他技术领域　属于技术领域，但不能归入上述八类领域的其他技术活动。

3. 社会-经济目标

陆地、海洋和大气的开发与评价　主要涉及对地壳与地幔、海洋和大气层的开发和评价。它不包括以农业为目的的土壤研究和以渔业为目的的海洋学的研究与发展活动，也不包括有关原料、燃料、能源资源的经济开发方面的研究与发展活动。对气象学、地质学和水文学等方面的基础调查不应包括在此类中，而包括在“知识的全面发展”类中。

民用宇宙空间　包括所有关于空间的民用研究与发展活动（为军事目的进行的各项计划应包括在以下“国防”项下）。其中包括关于运载火箭和宇宙飞船及其动力装置和控制地面设施（发射基地、导航、遥测和遥控指令）方面的研究与发展活动以及人造卫星和星际探测器、同温层探测气球、探空火箭等方面的研究与发展活动。运用宇宙火箭进行通信、气象、航行、地球资源调查等也应规定在这一有关目标中。

农业、林业和渔业的发展　主要涉及两个类别的研究与发展活动，第一类中包括食品的生产、储存、分配方面的研究与发展活动；例如家畜的生产品种的改进，兽医、农作物的生产和作物学以及农业机械和农业化学方面的研究与发展活动，食品和饮料加工、储存和分配，渔业及其有关的技术。第二类系非食品的农产品和林业的发展，例如：有关毛、皮、烟草、棉花和其他纤维材料等方面，以及林业和有关技术方面的研究与发展活动。

促进工业的发展　这一主要目的涉及促进发展和改进制造工业、非燃料采矿工业及建筑业的各种研究与发展活动。包括有关纺织品、服装、皮革、木材和造纸产品、化学产品（包括石油化工产品）、橡胶和塑料、基本金属、金属成品、包括运输车辆在内的机械和设备、非金属产品、燃料以外的采矿业等生产方面的研究与发展活动。不包括为其他目标（如发展农业和食品生产、运输和通信、宇宙空间探索、城市和农村规划及国防）服务的研究与发展活动。

能源的生产、储存和分配　包括与各种形式的能源（包括核能）的生产、供应、储存和分配有关的研究与发展活动；它包括固体燃料的开采及其有关的技术，石油和天然气生产以及非常规能源（太阳、风）和小能源。

交通、通信事业的发展　涉及交通系统及通信网和通信系统，包括陆地、空间、水上交通、无线电和电视，电话和包括卫星在内的其他通信方面的研究与发展活动，但不包括发动机、电动机和车辆、轮船、飞机等其他交通工具，这些均包括在“促进工业的发展”的目标中。

教育事业的发展　这一主要目标包括正规教育及校外、在职教育和其他形式的成人教育、培训以及技术设备与教学方法（如程序教学、电视及其他视听技术）方面的研究与发展活动。

卫生事业的发展　涉及到所有与保护和改善人类健康直接有关的研究与发展活动。它包括医疗护理（包括外科和产科）、疾病预防、营养和食品卫生方面的研究与发展活动，环境对人体健康的影响等方面的研究与发展活动。

社会发展和社会-经济服务　包括政治组织、法律和秩序、社会治安、文化、休息和娱乐、对消费者的保护、对劳动条件的改善、劳动关系、人力和移居、国际关系（包括维护和平）、国际法院、条约及其他社会服务。它还包括经济组织、货币和银行、保险等方面的研究与发展活动。也包括像民用住宅、清洁卫生服务及其他同改善人类居住环境有关的社会服务等城乡规划方面的研究与发展活动。

环境保护　主要目标涉及环境“保护”的各个方面——保持空气、水和土壤的纯净、噪音控制、环境模型和统计等。不包括环境对人体健康的影响（应列入“卫生事业的发展”目标中），也不包括目的在于通过某些特殊经济活动防止污染的研究与发展活动（这些活动应与相应的活动列在一起）。

知识的全面发展　包括各种具有相当普遍目的的研究与发展活动，这些活动不能归入其他任何一个主要目标，而只是促进社会科学和自然科学知识的全面发展。包括科学院和大学及其研究机构根据其广泛的工作内容所进行的基础研究和应用研究。还包括科学技术活动本身的管理、政策和规划等方面的研究与发展活动。

其他民用目标　此项包括不属于上述任何题目而根据某一特殊目的所进行的所有其他民用研究与发展活动。例如，情报系统的改进，计算机科学（硬件和软件），但不包括数据收集方面的开支。还有为批发与零售贸易、餐厅及旅馆业等服务的研究与发展活动。

国防　这一主要目标包括为军事目的所进行的研究与发展活动。军事机构用于民用研究的开支应尽量分配给与其有关的各主要民用目标。

4. 课题组直接支出

指当年为进行该课题研究而从课题经费中直接支出的全部经费（不包括与外单位合作进行该课题研究而拨给对方使用的经费）。

5. 课题人员折合全时工作量

指按工作量计算的当年实际参加课题活动的各类人员总数。统计时首先把课题人员分离为全时人员和非全时人员，然后折算为全时工作量。

全时人员　指在本年度工作中，从事该课题活动的工作量（累计工作时间与本人全年工作总时间之比）在 0.9 以上（含 0.9）的人员数。

非全时人员　指在本年度工作中，从事该课题活动的工作量在 0.1～0.9 之间的人员数。工作量不到 0.1 不计在内。

全时当量　指全时人员数加所有非全时人员的工作量总和，数值取小数点后一位。

国家重点实验室

1. 固定人员

指由实验室主任聘任，并有一定任期的相对稳定的研究人员、技术人员和管理人员。国家重点实验室的固定人员可以由室主任连聘连任。

2. 客座人员

指通过课题申请并获准来国家重点实验室从事研究工作的所内外工作人员。国家重点实验室的客座人员没有固定任期，在课题获准进行期内属于国家重点实验室的人员，享受固定人员同等待遇，课题结束之后，必须离室，因此客座人员是流动的。

3. 学委会审批课题

经学术委员会审议批准，用开放经费支持的课题。固定客座合作课题指由国家重点实验室固定、客座人员合作共同承担的学委会审批课题。

Explanatory Notes on Key Indicators

Personnel

1. S&T activity personnel

S&T activity personnel comprises S&T management personnel, project activity personnel and S&T service personnel.

S&T management personnel refers to leaders at various levels in the Academy and institutes and those who are engaged in S&T and personnel management, including those who participate directly in such activities as S&T planning, project management, research achievement management, patent management, S&T statistics, management of S&T archives, S&T international cooperation, personnel management, education and training, and finance.

Project activity personnel refers to staff whose payroll is in the laboratory or project research group.

S&T service personnel refers to those engaged in library, information, measurement, testing, consultation, material and equipment supply as well as those working in laboratories, pilot factories (workshops) and experimental farms. They should not include drivers, janitors, and persons working in mess halls, medical houses, nurseries and kindergartens.

2. Scientists and engineers

This heading can be defined as persons who are of higher educational level or have senior or intermediate academic titles.

3. Other S&T personnel

This heading refers to persons who are of specialized higher school or specialized secondary school educational level or have junior or specialized secondary school educational level or have junior academic (or technical) titles.

4. Production and business activity personnel

This mainly refers to staff who are engaged in the production, business activity and services such as batch process of finalized products, management and services in the guest houses and shops, and publication and printing. Staff on the CAS and institute payroll who work in the economic entities attached to the institution shall also be included.

Current Intramural Funds

1. Current intramural funds

Current intramural income and expenditure include temporary collection and temporary payment. Items included in the current intramural income are all gross income.

2. Current intramural income

Income from government funds:

This heading refers to funds directly allocated by government departments at all levels or income obtained by a particular institution through conducting S&T activities entrusted by enterprises and institutions using government funds. It consists of the following: scientific operating funds, special S&T funds, S&T foundation funds and other government allocations.

●*Income from government subsidy.* This refers to budgetary funds allocated by the central or local financial departments, including normal funds and special funds. The operating funds for scientific research obtained from the financial departments via higher authorities and the operating funds for scientific research obtained from the financial departments via higher authorities designated for research projects are all in the category of financial budgetary allocation.

●*Income from undertaking government research projects.* This refers to funds received by a particular institution from the government for the purpose of carrying out S&T activities through signing agreements, contracts or other forms of application, such as scientific research, new product development and experiment, pilot experiment, and demonstration and commercialization of S&T results. This includes special funds for research projects, equipment and other items.

Technical income:

This refers to the gross income obtained by a particular institution from non-governmental departments for undertaking S&T activities, such as self-raised funds from institutions, enterprises and social organizations for entrusting the particular institution to carry out S&T activities. It also includes income from technology development, technology transfer, technology consultation and service, academic activities and production, and science popularization activities.

●*From enterprises.* This refers to the income obtained by a particular institution from the enterprises by undertaking entrusted S&T activities for the enterprises in the form of technology development, technology consultation and service.

●*Income from technology development.* This refers to income received by a particular institution from commissioned R&D on new technologies, products, processes, materials and systems.

●*Income from Technology transfer.* This refers to income received by a particular institution from transfer of its patents, patent application rights, patent licenses and non-patented technologies.

●*Income from Consultation and service.* This refers to income received by a particular institution from technical services such as providing technical information, data, consultation, testing and analysis, assimilation and absorption of imported technologies and so on, by drawing on its manpower, resources, data and information systems.

Business income:

This refers to income received by a particular institution from the undertaking of business activities which are excluded from S&T activities, without an independent accounting, such as the income from product sales, service, contract of projects, lease and other business.

Other income:

This heading refers to income which do not fall into the above-mentioned categories, such as donations from the society and individuals as well as loans.

Loans:

This heading refers to various kinds of loans obtained by a particular institution from various sources. The total monetary volume of loans obtained in the reference year will be recorded no matter what form, time and volume of the repayment will be. Loans for capital construction are not included.

3. Current intramural expenditure

●*Personnel cost.* This refers to the total expenditure paid by a particular institution to its staff, directly or indirectly, in cash or in kind, including basic salary, subsidiary salary and other salaries. It also includes trade union funds, welfare funds for staff, subsidiary for family planning; various kinds of allowance, salary for long-term recuperating staff, travel allowance for home leave, funeral expenses and subsidies to the family of the deceased; pension, expenses on social insurance such as old-aged pension insurance, unemployment insurance, medicare, accumulated funds for housing; stipend and fellowship for graduate students.

●*Official business expenditure.* This refers to the expenditure spent by a particular institution related to organizing and managing its professional work and auxiliary activities, including expenses on administration, postage and communication, water and electricity, meeting, business travel, vehicles and fuel, road toll, public property insurance, etc.

●*Equipment purchasing expenditure.* This refers to the exact expenditure of non-capital investment spent by a particular institution on purchasing fixed assets. Fixed assets cover major equipment and installations with unit price above the set quota which can be used over a long period of time without changing their original material forms (or appearances), such as scientific research equipment and installations , books and library materials, laboratory materials and specimens as well as other facilities, furniture, office space and buildings.

●*Scientific research expenditure* : This refers to the total actual consumptive expenditure for the performance of S&T activities by a particular institution. It should include costs of raw materials for research and development, charges for water, electricity and energy, travel, expenses directly associated with processing and experiments, and costs of equipment utilization, computer time, printing of materials, etc. Expenditure for graduate student training are also included, but labor costs and expenditure for fixed assets are excluded.

●*Other expenditure*: This includes all the other expenditure not listed in the above items. Production and business expenditure.

Business expenditure:

This refers to the total actual consumptive spending for production and business activities Including expenditure for personnel, equipment, raw materials, processing, etc. and all kinds of expenditure occurred in the course of product sales, as well as various taxes for business activities.

Capital Construction

1. Actual expenditure in capital investment

This refers to the amount of capital construction work completed by a particular institution in the reference year, which is expressed in monetary terms.

2. Self-raised funds

This refers to funds raised by a particular institution in the actual spending in capital investment. It includes loans which should be paid back by the institution itself after the reform of the S&T appropriation system.

3. Scientific research Instruments and equipment

This refers to the total expenditure on scientific research equipment in the actual capital expenditure. Expenditure on non-research equipment is not included in this category.

4. Civil engineering projects for scientific research

This refers to the actual amount of work completed by a particular institution on research facilities (such as research and experiment buildings) in the actual expenditure of capital investment. Construction project not for research purpose (such as living quarters) is not included.

S&T Activities

1. Classification by project activity

Basic research:

Basic research can be defined as any original research undertaken to acquire new knowledge. Its purpose is to explore the underlying principles and laws of observed phenomena and facts, without any particular practical application in view.

Applied research:

Applied research is defined as any original research undertaken in order to acquire new scientific and technological knowledge. It is, however, directed primarily towards a specific practical aim or objective. Applied research is usually undertaken to determine the possible application of the results or knowledge from basic research, or to determine new methods or ways of achieving some specific and predetermined practical aim.

●The main criterion for distinguishing basic research from applied research is that the latter has specific practical application in view.

Experimental development:

Experimental development can be defined as any systematic work, drawing on existing knowledge gained from research and/or practical experience, that is directed to producing new materials, products and devices, to installing new processes and systems, and to improving substantially those already produced or installed.

●The main criterion for distinguishing scientific research (basic or applied) from experimental development is that whereas the former is primarily directed towards the increase of S&T knowledge, the latter is directed towards the introduction of new application (e. g. new materials or technologies).

●The main criterion for distinguishing scientific research from experimental development is that the former involves creative activities.

Application of research and experimental development results:

Application of research and experimental development results can be defined as any systematic work that is directed to the technical issues in the production and practical use of new products, new devices, new processes, new techniques, new methods, new systems and services which are generated from research and development results. This kind of activity does not involve creation and innovation. It includes finalized design and pilot development for production purposes as well as adaptability testing directed to expanding the production scale of new products and the application of new methods, technologies and processes.

●The main criterion for distinguishing research and experimental development, application of research and experimental development results, and industrial activities is basically the following:

(1) Development of new products

Activities directed towards the development of new products, that is, completely new products, substantial improvement of the design, development and experiment on the properties of existing products, should be defined as research and experimental development, while the process of producing new products through copy or direct use of imported (or purchased) technical results (such as patents, technical know-how, blueprints and prototypes) should not be mentioned as research and experimental development. It falls into the category of application of research and experimental development results.

(2) Development of new processes and methods

The development of new processes or methods and the substantial technical improvement of existing technologies and production processes are research and experimental development. Activities involved in adopting existing domestic production techniques or processes without making substantial improvements (or when only adaptability testing is conducted) cannot be considered as research and experimental development. They are the application of research and experimental development results.

(3) Pilot experiment

Before new products, technologies and production processes can be used in production, pilot experiments are usually carried out in order to solve a series of technical issues. These experiments are complex in nature and whether they are considered as research and experimental development or not can only be judged according to concrete conditions.

If the immediate aim of the pilot experiment is to make further technical improvement of the product, technology or production process, or acquisition of experience and data for that purpose, the activity should be regarded as research and experimental development. If, on the contrary, the immediate aim is to make finalized design for a product and to obtain technical data needed for the production, the activity should be regarded as research and experimental development. It is part of the application of research and experimental development results.

(4) Trial production

Trial production can be defined as "experimental"production conducted after various technical preparations are completed but before full scale production is started. Since the immediate aim of trial production is not to make further technical improvement of the product or the production process concerned but to get the production process working smoothly, it is neither research and experimental development, nor application of research and experimental development results.

(5) Quality control, checking and testing

Quality control of production processes and routine checking and testing of materials, devices and products are neither research and experimental development nor application of research and experimental development results. However, the testing of prototypes and testing conducted in a non commercial pilot plant (workshop) should be regarded as research and experimental development.

(6) Market study

This is neither research and experimental developmentnor application of research and experimental development results.

Scientific and technical services:

Scientific and technical services can be defined as any activities concerned with scientific research and experimental development and contributing to the generation, dissemination and application of scientific and technological knowledge. They include the demonstration and popularization activities to introduce the application of scientific and technological results; systematic work on scientific and technological information and documentation services; technical consultation provided to users such as feasibility studies, technical schemes, proposals and technical investigations; routine observation and monitoring of natural and biological phenomena, surveying and exploration of resources; and the gathering of general information on social, human and economic phenomena (such as statistics and market studies); as well as the routine analysis and compilation of the above mentioned information; testing, standardization, metrology, computation, quality control and patent services (excluding the above mentioned activities carried out by industries for normal production).

Productive activities:

This heading refers to small-scale non-conventional production undertaken because of possessing special processing equipment and facilities or technical specialties and know-how.

2. Classification by technology

Information technology:

This covers the development of computer hardware, software, peripheral equipment, communication network facilities, as well as activities using computer hardware, software and digital transmission network for word processing, pattern recognition, and information acquisition, processing and transmission.

Biotechnology:

This includes genetic engineering, cell engineering, enzyme engineering and fermentation engineering. It refers to activities directed towards the principles, technologies, special processes, testing and devices for the development of biotechnology as well as activities conducted to develop new biotechnological products used in agriculture, forestry, animal husbandry, medicine and public health, chemistry, food, and light industry. Life science research that has no specific aim, or that has a specific aim but is not directed to the development of biotechnology, is excluded from this category.

New materials:

This refers to materials of fine performance or special functions which are newly developed or being developed, such as new inorganic non metallic materials, organic synthetic materials, new metals and new alloy materials. Activities directed towards the principle, technologies, new products, special processes and testing techniques for the development of new materials are also included.

Energy technology:

This covers the study of general theory of energy resource issues, comprehensive development and utilization of regional energy resources, exploitation and utilization of petroleum, natural gas, coal and renewable energy sources, development, exploitation and utilization of new energy sources (solar energy, bioenergy, nuclear energy, ocean energy, etc.), energy saving technology, and new technology for energy conversion and storage.

Laser technology:

This includes the development of laser devices and laser modulation technology as well as activities for laser application in industry, agriculture, medical science, national defense and other fields.

Automation technology:

This refers to activities in the fields of control systems, application of automation technology, automatic components, instruments and devices, automation of artificial intelligence, robotics, and so on.

Space technology:

This includes research on launch vehicles and the main body of man-made satellites as well as activities concerning research and development of ground equipment for satellite tracking and communication. It excludes astronomy and meteorological observations.

Oceanological technology:

This includes technology research on safeguarding our ocean rights and interests, public welfare service, development and utilization as well as industrization of ocean biological resources, exploitation of ocean petroleum and gas, ocean environment mornitoring, etc.

Other technological fields:

This group includes technological activities which are not included in the above mentioned items.

3. Classification by major socio-economic objective

Exploration and assessment of the earth, the sea and the atmosphere:

This mainly covers activities related to the exploration and assessment of the earth's crust and mantle, the seas and the atmosphere. It does not include studies on soils for agricultural purposes, R&D activities on oceanography serving the fishing industry nor R&D concerning the economic exploitation of raw materials, fuel and energy resources. Fundamental investigation in meteorology, geology, hydrology, etc. should be excluded from this group, but included under "General advancement of knowledge".

Exploration of civil space:

This heading covers all civil R&D concerning space (programs undertaken for military purposes should be included under "Defense" below). It includes, among others, R&D activity on launch vehicles and spacecraft as well as their propulsion and ground control facilities (launch bases, guidance, telemeasure and telecommand), satellites, interplanetary probes, stratospheric balloons, and sounding rocket. The use of space vehicles for communication, meteorology, navigation, earth resources surveying, etc. should be assigned to the appropriate objective.

Development of agriculture, forestry and fishing:

This heading mainly covers two categories of R&D activities, the first related to aspects of food products, and the second concerned with non-food agricultural products and forestry. Under the first is R&D on the production, storage and distribution of food, e.g. livestock production and improvement of species, veterinary medicine, crop production and agronomy, R&D on agricultural machinery and agricultural chemistry, R&D on the processing of food and beverages, their storage and distribution, fisheries and their related technologies. The second category, development of non-food agricultural products and forestry, covers all R&D activities on non-food agricultural products such as wool, skin, tobacco, cotton and other fibbers, and on forestry and related technology.

Promotion of industrial development:

This major aim relates to all R&D activities contributing to the development and improvement of the manufacturing and non-fuel mining industries and construction. It includes the production of textiles, wearing apparel and leather, wood and paper products, chemicals (including petrochemicals), rubber and plastics, basic metals, fabricated metal products, machinery and equipment (including transport vehicles), non-metallic products, mining other than fuels. It does not include industrial R&D performed in support of other objectives such as development of agriculture and food production, transport and communications, exploration of space, urban and rural planning and defense.

Production, conservation and distribution of energy:

This heading covers all R&D activities relating to the production, supply, storage and distribution of all forms of energy (including nuclear energy). It includes the mining of solid fuels and related technology, petroleum and natural gas production as well as non-conventional energy sources (solar, wind) and small energy sources.

Development of transport and communication:

This group relates to the transportation systems and communication networks and systems, covering land, air and water transport, radio and television, telephone and R&D activity of other communications including satellites. It excludes engines, motors and means of transportation such as vehicles, ships and planes which are included in the aim "Promotion of industrial development".

Development of education services:

This major aim includes R&D activities concerning formal education and out of school, inservice and other forms of adult education and training as well as new technical devices and teaching methods such as programmed instruction, television and other audio-visual techniques.

Development of health services:

This heading concerns all R&D activities directed to the protection and improvement of human health. It includes R&D on medical care (including surgery and obstetrics), disease prevention, nutrition and food hygiene, and on the impact on human health by environment.

Social development and socio-economic services:

This heading includes political organization, law and order, social security, culture, recreation and leisure, consumer protection, the improvement of working conditions, labor relations, manpower and migration, international relations including peace keeping, international courts, treaties and other social services. Also included are R&D activities on economic organization, money and banking, insurance, etc. This aim also includes R&D activities concerning urban and rural planning such as domestic housing, sanitary services and other community services involved in the improvement of human settlements.

Environmental protection:

This major aim covers all aspects of the "protection" of the environment—the maintenance of the purity of air, water and soil, noise control, environmental models and statistics. It excludes the environmental impact on human health (which should be included under "Development of health services") and the environmental impact on human settlements which should be included under "Social development and socio-economic services". Also excluded is R&D designed to prevent pollution by specific economic activities, which should be included with the relevant activities.

General advancement of knowledge:

This heading includes all R&D of very general orientation which cannot be classified in any other major aims but contributes to the general advancement of knowledge in the social as well as natural sciences. It includes basic and applied research which the Academy and universities undertake in the context of their broad vocation. It also includes R&D on the management, policy and planning of research itself.

Other civil aims:

This item includes all other civil R&D activity undertaken with a specific aim which does not fall under any of the above headings. It would include, for example, the improvement of information systems, computer science (hardware and software), but exclude expenditure on the gathering of data. Another example would be R&D in favor of the wholesale and retail trade, restaurants and hotels.

National Defense:

This major aim includes R&D activity undertaken for military purposes. Sums spent on civil research by military institutions should, as far as possible, be distributed among the major civil objectives to which they may relate.

4. Total direct expenditure by project group

This refers to the total funds actually spent directly by the project group for the research of the project. It does not include funds transferred to the cooperators if the project is conducted jointly.

5. Full-time equivalent of project activity personnel

This refers to the total number of various kinds of personnel who actually participate in the project activities in the reference year, calculated according to their work load. In making the statistics, the project activity personnel are first classified as full-time personnel and part-time personnel and their work loads are then converted into full-time work load.

Full-time personnel:

This refers to the number of personnel whose work load for the project activity (the ratio between accumulated working hours spent on the project activity and the total hours worked in the reference year) is 0.9 or above.

Part-time personnel:

This refers to the number of personnel whose work load for the project activity is from 0.1 to 0.9. Those whose work load for the project activity is less than 0.1 are not included.

Full-time equivalent:

This refers to the total work load of full-time personnel and part-time personnel.

State Key Laboratories

1. Permanent researchers

This refers to research, technical and managerial personnel who are invited or engaged by the directors of the state key laboratories to serve for certain terms.

2. Guest researchers

This refers to scientists both inside and outside the institutes who conduct research activities at the state key laboratories after their research applications have been approved. Guest researchers do not serve for fixed terms. They are on the staff of the state key laboratories within the allowed period for pursuing their research subjects and enjoy the same treatment as the permanent staff does, but must leave the laboratories upon completion of their research.

3. Projects selected by the academic committees

This refers to research projects which are approved by the academic committees and funded by the state key laboratory research funds. Jointly conducted projects refer to those research projects which are approved by the academic committees and are jointly conducted by the permanent staff and guest researchers of the state key laboratories.

六、企业开发经营活动

BUSINESS ACTIVITIES OF CAS ENTERPRISES

6.1 全院企业统计指标

Statistical Indices of CAS Enterprises

单位：万元 (ten thousand yuan)

项目 Items	1995 年	1996 年	1997 年	1998 年	1999 年
资产总额 Total assets	619754	768996	934210	1579940	1713545
流动资产 Current assets		557552	683362	1040416	1124633
其中：应收账款 Of which：Funds to be collected				269271	345388
存货 Existing stock		189854	159532	252954	293869
负债总额 Total liabilities	340663	447340	536660	834590	858597
流动负债 Current liabilities	310831	375697	474027	774528	724154
少数股东权益 Minority interests				137567	156783
所有者权益 Total owner's equity	279091	321656	397550	607783	698165
营业收入 Operating income	538758	855024	1071578	2319747	2725676
营业成本 Cost of sales	431751	708272	912900	2005270	2363665
费用总额 Total fees	71922	96165	109402	217831	269736
利润总额 Total profit	44223	52369	58169	89484	110390
上交税金总额 Total tax paid	18659	12284	33747	30707	121070
利税总额 Total profit and taxes					220665
创汇额（万美元） Foreign exchange income (ten thousand US dollars)	4948	19591	10867	26985	30575
R&D 投入 R&D investment	25232	14874	13687	81503	147643
成果数（项） Achievements (item)	303	215	101	195	193

续表 6.1

项目 Items	1995年	1996年	1997年	1998年	1999年
产品项目数（项） Number of products (item)	1261	723	758	356	256
上交院、所利润 Profit turned over to CAS and institutes	12457	12179	2055	9098	4613
上交院、所费用 Fees turned over to CAS and institutes			11129	12056	10234
职工总数（人） Number of staff	21668	20380	29361	40094	38952
其中：院所编制人员 Of which: CAS staff	10195	8626	11775	16310	11116
统计企业数（户） Number of enterprises	589	443	832	768	620

注：1. 各项统计指标不包含我院在港、澳及境外设立的企业，但1998年的报表数据包含了香港联想按股份折合进来的数据。

Note: The statistical indices do not include enterprises set up by CAS in Hong Kong, Macao and overseas. But the financial indices of 1998 include the amount converted from CAS share in Legend Computer Group Corporation, Hong Kong.

2. 各项统计指标是按照企业法人为单位进行统计的。

The statistical indices here are calculated by taking enterprises corporate as the basic units.

3. 1996年以前的"上缴院所利润"为上缴院所利润与费用的合计数，1997年度起将此项指标分别表示。

"Profit turned over to CAS and institutes" in the previous statistical yearbooks refers to the total profit and fees which are turned over to CAS and institutes. From 1997, the profit and fees turned over to CAS and institutes are expressed separately.

6.2 全院企业按职工总数分组（1999年）

CAS Enterprises, by Number of Staff: 1999

	合计 Total	1～10人	11～50人	51～100人	101～200人	201～300人	>300人
企业数 Number of enterprises	620	204	291	61	38	9	17
(%)	100	32.9	46.94	9.84	6.13	1.45	2.74
人数 Number of people	38952	704	6485	4147	5214	2182	20220
(%)	100	1.81	16.65	10.65	13.39	5.6	51.9

6.3 全院企业按营业收入分组（1999 年）

CAS Enterprises，by Operating Income：1999

单位：万元 (ten thousand yuan)

	合　计 Total	＜10	10～＜50	50～＜100	100～＜500	500～＜1000	1000～＜5000	5000～＜10000	＞10000
企业数（户） Number of enterprises	512	85	99	65	140	58	47	9	9
（%）	100	16.6	19.34	12.7	27.33	11.33	9.18	1.76	1.76
营业收入 Operating Income	2725676	184	2746	4706	34809	39817	109639	59952	2473823
（%）	100	0.01	0.1	0.17	1.28	1.46	4.02	2.2	90.76

6.4 全院企业按年利润总额分组（1999 年）

CAS Enterprises，by Annual Profit：1999

单位：万元 (ten thousand yuan)

	合　计 Total	＜0	0～＜1	1～＜5	5～＜10	10～＜50	50～＜100	100～＜500	500～＜1000	＞1000
企业数（户） Number of enterprises	512	158	98	77	27	74	22	30	15	11
（%）	100	30.47	19.53	15.04	5.27	14.45	4.3	5.86	2.93	2.15
利润总额 Total profit	110390	－5645	0	163	190	1667	1461	6474	10812	95268
（%）	100	－5.11	0	0.15	0.17	1.51	1.32	5.86	9.8	86.3

注：1. 在表 6.2 中，将没填人数一栏的企业的人数划在 1～10 范围。

Note： In Table 6.2，the number of people of the enterprises which do not provide data is assumed as less than 10.

2. 表 6.3，6.4，6.7 中单位数是以直属企业集团为单位与所办法人企业进行统计得出的结果。

The number of enterprises in Tables 6.3，6.4 and 6.7 are calculated by taking the number of group corporations plus the number of institute-run enterprises.

6.5 营业收入排序前 30 名的企业（1999 年）

CAS Top 30 Enterprises in Business Income：1999

单位：万元 (ten thousand yuan)

序号 No.	企业名称 Name of enterprises	营业收入 Operating income	序号 No.	企业名称 Name of enterprises	营业收入 Operating income
1	联想集团控股公司（合并） Legend Group Holding Co.	2029182	13	北京三环新材料高技术公司(合并) Beijing Sanhuan New Materials R&D Incorporation	19176
2	联想集团有限公司 Legend Holdings Co.，Ltd.	1997825	14	上海尼赛拉传感器有限公司 Shanghai Nicera Sensor Co.，Ltd.	16278
3	中科实业集团（控股）公司（合并） China Sciences Holdings Co.	184877	15	北京中科物资装备总公司 Beijing Zhongke Material & Equipment Corporation	14989
4	中国大恒公司（合并） China Daheng Company	82337	16	北京东方集成机电装备有限公司 Beijing Oriental Integrated Mechanical and Electronic Equipment Co.，Ltd.	13424
5	东方科学仪器进出口集团公司（合并） Oriental Scientific Instrument Import & Export Group Corporation	78843	17	中科实业集团（控股）公司（本部） China Sciences Holdings Co.	12696
6	深圳科健集团有限公司（合并） Shenzhen Kejian Holdings Co.，Ltd.	77207	18	沈阳科金新材料开发总公司 Shenyang Kejin New Materials Development Co.	11826
7	上海中科股份有限公司 Shanghai Zhongke Hodling Co.，Ltd.	67137	19	北京联想工业控制公司 Beijing Legend Industrial Control Company	11596
8	中国科健股份有限公司 China Kejian Hodling Co.，Ltd.	61429	20	北京中科大洋科技发展有限责任公司 Beijing Zhongke Dayang S&T Development Co.，Ltd.	10470
9	成都地奥制药集团有限公司 Chengdu Di'ao Pharmaceutical Corporation，CAS	50540	21	上海瀛赛拉磁性器材有限公司 Shanghai Yingsaila Magnetic Equipment Co.，Ltd.	10082
10	东方科学仪器进出口集团公司（本部） Oriental Scientific Instrument Import & Export Group Corporation	41715	22	深圳安科高技术有限公司 Shenzhen Analogic Scientific Inc.	9599
11	北京希望电脑公司（合并） Beijing Hope Computer Company	21504	23	东方科学仪器上海进出口集团公司 Shanghai Oriental Scientific Instrument Import & Export Group Co.	9251
12	深圳科技工业园总公司 Shenzhen Science and Industry Park Corporation	20356	24	北京中科软信息系统有限公司 Sino Software Systems Co.，Ltd.	8064

续表 6.5

序号 No.	企业名称 Name of enterprises	营业收入 Operating income	序号 No.	企业名称 Name of enterprises	营业收入 Operating income
25	北京中科电气高技术公司 Beijing China Sciences Electrical High Tech. Co.	7881	28	北京灵智科技发展有限公司 Beijing Lingzhi Science and Technology Development Co., Ltd.	6625
26	上海中科合臣化学公司 Shanghai CAS Hechen Chemical Company	7634	29	北京中科红叶电子科技有限公司 Beijing China Sciences Hongye Electronic Technology Co., Ltd.	6620
27	沈阳蓝天技术开发公司 Shenyang Bluesky Technology Development Company	6725	30	联想进出口有限公司 Legend Import and Export Co., Ltd.	6407

6.6 利润总额排序前30名的企业（1999年）

CAS Top 30 Enterprises in Total Profit：1999

单位：万元 (ten thousand yuan)

序号 No.	企业名称 Name of enterprises	利润总额 Total profit	序号 No.	企业名称 Name of enterprises	利润总额 Total profit
1	联想集团控股公司（合并） Legend Group Holdings Co.	49512	14	中科实业集团（控股）公司（本部） China Sciences Holdings Co.	2223
2	联想集团有限公司 Legend Holdings Co.，Ltd.	43339	15	东方科学仪器进出口集团公司（合并） Oriental Scientific Instrument Import & Export Group	2042
3	中科院成都地奥制药公司 Chengdu Di'ao Pharmaceutical Corporation，CAS	12168	16	上海中科合臣化学公司 Shanghai CAS Hechen Chemical Company	1773
4	中科实业集团（控股）公司（合并） China Sciences Holdings Co.	10191	17	深圳科健集团有限公司（本部） Shenzhen Kejian Holding Co.，Ltd.	1327
5	深圳科健集团有限公司（合并） Shenzhen Kejian Holding Co.，Ltd.	5631	18	华建电子有限责任公司（合并） Huajian Electronics Co.，Ltd.	1227
6	联想集团控股公司（本部） Legend Group Holdings Co.	5428	19	北京中科大洋科技发展有限责任公司 Beijing Zhongke Dayang S&T Development Co.，Ltd.	1218
7	中国科健股份有限公司 China Kejian Holding Co.，Ltd.	4966	20	深圳安科高技术有限公司 Shenzhen Analogic Scientific Inc.	1198
8	上海尼赛拉传感器有限公司 Shanghai Nicera Sensor Co.，Ltd.	4692	21	东方科学仪器进出口集团公司（本部） Oriental Scientific Instrument Import & Export Group Corporation	1011
9	上海瀛赛拉磁性器材有限公司 Shanghai Yingsaila Magnetic Equipment Co.，Ltd.	3545	22	北京中生生物工程高技术公司 Beijing Zhongsheng Biotechnology Company	1000
10	中国大恒公司（合并） China Daheng Corporation	3399	23	上海太平洋蓝登光器件有限公司 Shanghai Pacific Rundum Optical Devices Co.，Ltd.	974
11	深圳科技工业园总公司 Shenzhen Science and Industry Park Corporation	2965	24	中科院上海冶金研究所信茂新技术公司 Xinmao New Technology Co.，Shanghai Inst. of Metallurgy	967
12	长春热缩材料股份有限公司 Changchun Heat Shrinkable Materials Co.，Ltd.	2900			
13	北京三环新材料高技术公司（合并） Beijing Sanhuan New Materials R&D Incorporation	2343			

序号 No.	企业名称 Name of enterprises	利润总额 Total profit	序号 No.	企业名称 Name of enterprises	利润总额 Total profit
25	上海原子核研究所日环仪器厂 Rihuan Instrument Factory Shanghai Inst. of Nuclear Research	943	28	福建晶体技术开发公司 Fujian Castech Crystals, Inc.	833
26	大连经济技术开发区凯飞高技术发展中心 Dalian Kaifei High-Tech Development Center	933	29	北京中科软信息系统有限公司 Sino Software Systems Co., Ltd.	804
27	上海中科股份有限公司 Shanghai Zhongke Holding Co., Ltd.	902	30	北京中科红叶电子科技有限公司 Beijing China Sciences Hongye Electronic Technology Co., Ltd.	650

6.7 企业经营情况按行业分类（1999 年）

Statistics of Business Operation of CAS Enterprises, by Sector: 1999

行　业 Sector	企业数（户） Number of enterprises	营业收入（万元） Operating income (ten thousand yuan)	利润总额（万元） Annual profit (ten thousand yuan)
合计 Total	**512**	**2725676**	**110390**
农林牧渔业 Agriculture, forestry, animal husbandry and fishery	5	396	3
制造业 Manufacturing	170	2271432	81784
建筑业 Construction	14	8275	1253
地质勘查业、水利管理业 Geological prospecting and hydraulic administration	3	472	20
交通运输、仓储及邮电通信业 Transportation, storage and post & telecommunication	6	2065	－165
批发和零售贸易、餐饮业 Whole sale, retail and catering services	64	59357	1186
房地产业 Real estate	4	230	－1341
社会服务业 Social services	103	31745	1054
教育、文化艺术及广播电影电视业 Education, culture and art, broadcasting, film and TV services	4	2348	365
科学研究与综合技术服务业 Scientific research and comprehensive technological services	85	50463	4835
其他行业 Other Sectors	54	298893	21396

6.8 高新技术产品分类（1999 年）

New and High Technology Products：1999

产品分类 Category	产品数（项） Number of products (item)	销售收入（万元） Sales income (ten thousand yuan)	出口额（万美元） Export value (ten thousand US dollars)
合计 **Total**	**256**	**922494**	**7415**
电子与信息 Electronics and information technology	68	684574	1635
生物、医学技术 Biology and medical technology	24	12989	263
新材料 New materials	43	139938	5015
光机电一体化 Photoelectromechanics	56	28673	46
新能源、高效节能 New energy and energy saving technology	10	2570	0
航空航天 Aviation and space technology	4	841	0
核应用技术 Nuclear applied technology	3	357	0
其他 Others	48	52552	456

主要统计指标解释

1. 职工总数

职工总数包括固定合同制职工，聘用人员和临时工。

2. 院编制职工

院编制职工指正式属院事业编制和企业编制的人员。

3. 少数股东权益

指集团公司的子公司所有者权益中不属于母公司的份额，在合并会计报表中用“少数股东权益”表示。

4. 所有者权益

所有者权益，1997 年以前为企业资产总值扣除负债总额以后的余额；1998 年所有者权益为资产总额扣除负债总额和少数股东权益后的余额。

5. 上交税金总额

上交税金总额包括增值税、营业税金及附加、所得税及其他税金的总和。

6. 营业收入

营业收入是指企业在生产经营活动中，由于销售产品、商品、进行技术服务、提供劳务等取得的收入。

7. 利润总额

利润总额包括营业利润、投资净收益及营业外收支净额，此为所得税前利润。营业利润是指营业收入扣减成本、各种费用、流转税及附加税费的数额。投资净收益是指投资收益扣除投资损失后的数额。营业外收支净额为营业外收人减去营业外支出后的数额。

8. 利税总额

利税总额是税后净利润与全部上交税金总额之和。

Explanatory Notes on key Indicators

1. Total staff

This includes permanent and contract staff, invited/engaged staff and temporary staff.

2. Staff on the CAS payroll

This refers to staff both on the CAS institution payroll and enterprises payroll.

3. Minority interests

This refers to the share of the total owner's equity of the subordinate company in a group company which does not belong to the parent company.

4. Total owners' equity

Since 1998, this refers to the total value of the assets in an enterprise after deducting all debts and minority interests. Before 1997, it referred to the total value of the assets in an enterprise after deducting all debts only.

5. Total tax paid

This includes value added tax, business tax, surtax, income tax and other taxes.

6. Operating income

This refers to the income obtained by the enterprises in their production and business activities such as product sales, commodity sales, technical service and labor service. It excludes incremental tax.

7. Total profit

This refers to profit before income tax, including operation profit, net income from investment and non-operating profit. Operating profit refers to net income after deducting of cost, various expenditure, indirect tax and surtax. Net income from investment refers to investment income after deducting investment losses, and non-operating profit refers to non operating income after deducting non-operating expenses.

8. Total profit from interest and tax

Total profit and taxes refers to the sum of the net benefits plus total taxes paid by enterprises.

七、科技论文、专利、获奖成果

S&T PAPERS, PATENTS AND AWARD-WINNING ACHIEVEMENTS

7.1 科技论文的发表及被引用情况

S&T Publications and Citations

年份 Year	被国际上收录（篇） Catalogued by major international indexes (article)		在国际被引用 Cited internationally		国内刊物发表（篇） Publications in domestic journals (article)
		SCI 论文 Catalogued by SCI (article)	篇 (article)	次 (times)	
1988	2212	1713			5458
1989	1740	1270			6099
1990	2097	1611	1568		6430
1991	2304	1690	1217	2440	6671
1992	2642	1724	1943	3898	7170
1993	3539	1877	2284	4393	6754
1994	4064	1993	2318	4286	7038
1995	4614	2276	2615	5033	7424
1996	4219	2224	2943	5727	7813
1997	5500	2926	3436	6724	8175
1998	5478	3277	3815	7534	8593

资料来源：中国科技信息研究所信息分析研究中心（表 7.1，7.2）。

Source：Center for Information Analysis，Institute of S&T Information of China (in table 7.1 and 7.2).

注：1. 1985～1989 年收录论文在 1990 年被引用；1988～1990 年收录论文在 1991 年被引用；1987～1991 年收录论文在 1992 年被引用；1989～1993 年收录论文在 1994 年被引用；1990～1994 年收录论文在 1995 年被引用；1991～1995 年收录论文在 1996 年被引用；1992～1996 年收录论文在 1997 年被引用；1993～1997 年收录论文在 1998 年被引用。

Note：Citation in 1990 of papers quoted in 1985—1989，citation in 1991 of papers quoted in 1988—1990，citation in 1992 of papers quoted in 1987—1991，citation in 1994 of papers quoted in 1989—1993，and citation in 1995 of papers quoted in 1990— 1994，and citation in 1996 of papers quoted in 1991—1995，citation in 1997 of papers quoted in 1992—1996，and citation in 1998 of papers quoted in 1993—1997.

2. 被国际收录的论文数据采集自美国的三种在国际上颇有影响的检索工具，即《科学引文索引》，《工程索引》和《科学技术会议索引》，国内论文数据直接取自选作统计源的国内科技期刊（1998 年为 1286 种）。

Data in "Papers catalogued by major international indexes" are from SCI，EI and ISTP and data in "Publications in domestic journals" are selected directly from domestic S&T journals (1286 journals in 1998) which are taken as the source.

7.2 科技论文的发表及被引用情况（1998年）

S&T Publications and Citations：1998

	被国际上收录（篇） Catalogued by major international indexes (article)	其中：SCI论文 Catalogued by SCI (article)	在国际被引用 Cited internationally		国内刊物发表（篇） Publications in domestic journals (article)
			篇 (article)	次 (times)	
总计 Total	**5478**	**3277**	**3815**	**7534**	**8593**
一、按系统分 By system	4321	2954	2904	5855	8516
（一）科研机构 Research units	3560	2509	2406	4777	7506
数学、物理 Mathematics & physics	905	509	460	933	1492
化学与化工 Chemistry & chemical engineering	612	459	376	710	1541
地学 Earth sciences	592	555	492	991	1501
生物学 Biological sciences	390	348	313	640	1594
技术科学 Technological sciences	1060	637	765	1503	1375
其他 Others	1	1			3
（二）支撑机构 Supporting organizations	759	444	497	1077	1005
教育培干 Education & cadre training	759	444	497	1077	995
图书、情报、出版 Library, information & publication					3
科学仪器研制 Scientific instrument development					7
基本建设 Capital construction					
（三）管理机构 Management organizations	2	1	1	1	5
中国科学院本部 CAS Head Office					3
地区管理部门 CAS Branches	2	1	1	1	2

	被国际上收录（篇）Catalogued by major international indexes (article)	其中：SCI 论文 Catalogued by SCI (article)	在国际被引用 Cited internationally 篇 (article)	在国际被引用 Cited internationally 次 (times)	国内刊物发表（篇）Publications in domestic journals (article)
二、按单位分 By unit					
北京市 Beijing	1546	1009	941	1791	2787
数学与系统科学研究院 Academy of Mathematics & System Sciences	46	25	17	37	164
数学研究所 Inst. of Mathematics	6	3	2	3	41
应用数学研究所 Inst. of Applied Mathematics	2	1	1	8	37
系统科学研究所 Inst. of Systems Science	14	1	1	1	57
计算数学与科学工程计算所 Inst. of Computational Mathematics and Scientific Engineering Computing	24	20	13	25	29
物理研究所 Inst. of Physics	107	2	1	1	143
声学研究所 Inst. of Acoustics	16	3	2	3	53
理论物理研究所 Inst. of Theoretical Physics	20	13	17	36	29
低温技术实验中心 Cryogenic Laboratory	78	60	56	79	34
高能物理研究所 Inst. of High Energy Physics	75	36	22	43	143
北京天文台 Beijing Astronomical Observatory	134	120	120	281	78
力学研究所 Inst. of Mechanics	43	13	8	16	89
化学研究所 Inst. of Chemistry	49	21	14	28	146
感光化学研究所 Inst. of Photographic Chemistry	48	36	25	47	91

续表 7.2

	被国际上收录（篇）Catalogued by major international indexes (article)	其中：SCI 论文 Catalogued by SCI (article)	在国际被引用 Cited internationally 篇 (article)	在国际被引用 Cited internationally 次 (times)	国内刊物发表（篇）Publications in domestic journals (article)
生态环境研究中心 Research Center for Eco-Environmental Sciences	8	8	2	2	156
化工冶金研究所 Inst. of Chemical Metallurgy	35	21	17	27	98
地理研究所 Inst. of Geography	57	56	51	111	117
遥感应用研究所 Inst. of Remote Sensing Application	8		1	1	45
地质研究所 Inst. of Geology	59	54	47	76	149
地球物理研究所 Inst. of Geophysics	56	55	48	100	63
古脊椎动物与古人类研究所 Inst. of Vertebrate Paleontology and Paleoanthropology	36	35	21	66	37
大气物理研究所 Inst. of Atmospheric Physics	81	79	70	140	104
自然资源综合考察委员会 Commission for Integrated Surveys of Natural Resources			1	1	48
植物研究所 Inst. of Botany	3	1	1	1	175
动物研究所 Inst. of Zoology	47	42	32	50	104
心理研究所 Inst. of Psychology	2				32
微生物研究所 Inst. of Microbiology	2	2	1	1	65
生物物理研究所 Inst. of Biophysics	9	4	2	4	79
遗传研究所 Inst. of Genetics	1	1	1	5	91
发育生物学研究所 Inst. of Developmental Biology	38	38	32	54	12

续表 7.2

	被国际上收录(篇) Catalogued by major international indexes (article)	其中：SCI 论文 Catalogued by SCI (article)	在国际被引用 Cited internationally 篇 (article)	次 (times)	国内刊物发表(篇) Publications in domestic journals (article)
计算技术研究所 Inst. of Computing Technology	64	20			62
软件研究所 Inst. of Software	29	10			50
北京软件工程研制中心 Beijing Software Engineering Center					1
计算机网络信息中心 Computer Network Information Center					3
半导体研究所 Inst. of Semiconductors	211	150	217	370	99
微电子中心 Microelectronics R&D Center	6	3			3
电子学研究所 Inst. of Electronics	66	44	35	56	16
自动化研究所 Inst. of Automation	35	1			57
电工研究所 Inst. of Electric Engineering	4		45	86	35
工程热物理研究所 Inst. of Engineering Thermophysics	40	35	22	38	39
空间科学与应用研究中心 Center for Space Science and Applied Research	28	18	12	30	46
遥感卫星地面站 Remote Sensing Satellite Ground Station	1	1			3
自然科学史研究所 Inst. of History of Natural Sciences	1	1			2
科技政策与管理科学研究所 Inst. of Science Policy and Management					1
中国科学技术大学研究生院 Graduate School of University of Science and Technology of China	3	1	1	1	16

	被国际上收录(篇) Catalogued by major international indexes (article)	其中：SCI 论文 Catalogued by SCI (article)	在国际被引用 Cited internationally 篇 (article)	次 (times)	国内刊物发表(篇) Publications in domestic journals (article)
管理干部学院 Beijing Inst. of Management					1
中国科学院文献情报中心 CAS Documentation and Information Center					1
北京科学仪器研制中心 Beijing R&D Center for Scientific Instruments					1
中国科学院机关本部 CAS Head Office					3
河北省 Hebei Province					11
石家庄农业现代化研究所 Shijiazhuang Inst. of Agricultural Modernization					11
山西省 Shanxi Province	13	8	6	20	156
山西煤炭化学研究所 Shanxi Inst. of Coal Chemistry	13	8	6	20	156
辽宁省、山东省 Liaoning and Shandong provinces	244	150	134	253	668
大连化学物理研究所 Dalian Inst. of Chemical Physics	110	86	71	123	189
沈阳应用生态研究所 Shenyang Inst. of Applied Ecology	7	4	2	3	69
沈阳计算技术研究所 Shenyang Inst. of Computing Technology					14
沈阳自动化研究所 Shenyang Inst. of Automation	2				14
金属研究所 Inst. of Metals Research	70	18	12	30	156
金属腐蚀与防护研究所 Inst. of Corrosion and Protection of Metals	29	19	13	36	64

	被国际上收录（篇）Catalogued by major international indexes (article)	其中：SCI论文 Catalogued by SCI (article)	在国际被引用 Cited internationally 篇 (article)	次 (times)	国内刊物发表（篇）Publications in domestic journals (article)
沈阳科学仪器研制中心 Shenyang R&D Center for Scientific Instruments					3
海洋研究所 Inst. of Oceanology	26	23	36	61	159
中国科学院沈阳分院 CAS Shenyang Branch					
吉林省、黑龙江省 Jilin and Heilongjiang provinces	374	306	328	675	457
长春物理研究所 Changchun Inst. of Physics	122	90	109	257	90
长春应用化学研究所 Changchun Inst. of Applied Chemistry	109	90	101	192	220
长春地理研究所 Changchun Inst. of Geography	1				20
长春光学精密机械研究所 Changchun Inst. of Optics and Fine Mechanics	118	103	118	226	114
黑龙江农业现代化研究所 Heilongjiang Inst. of Agricultural Modernization	24	23			13
上海市、福建省 Shanghai，Fujian Province	277	152	75	119	986
上海原子核研究所 Shanghai Inst. of Nuclear Research	15	5	2	2	62
上海天文台 Shanghai Observatory	7	6	3	3	78
上海硅酸盐研究所 Shanghai Inst. of Ceramics	25	7	5	8	130
上海有机化学研究所 Shanghai Inst. of Organic Chemistry	7	5	2	2	32
上海植物生理研究所 Shanghai Inst. of Plant Physiology	5	5	2	4	59

	被国际上收录（篇）Catalogued by major international indexes (article)	其中：SCI 论文 Catalogued by SCI (article)	在国际被引用 Cited internationally 篇 (article)	次 (times)	国内刊物发表（篇）Publications in domestic journals (article)
上海昆虫研究所 Shanghai Inst. of Entomology	1				6
上海药物研究所 Shanghai Inst. of Materia Medica	5	5	3	3	54
上海生理研究所 Shanghai Inst. of Physiology	8	7	4	6	29
上海生物化学研究所 Shanghai Inst. of Biochemistry	14	6	3	7	112
上海细胞生物学研究所 Shanghai Inst. of Cell Biology	5	5	3	3	39
上海脑研究所 Shanghai Inst. of Brain Research	7	7	5	10	11
上海生物工程研究中心 Shanghai Bioengineering Research Center	7	7	3	8	14
上海冶金研究所 Shanghai Inst. of Metallurgy	31	5	3	4	68
上海光学精密机械研究所 Shanghai Inst. of Optics and Fine Mechanics	40	7	6	6	169
上海技术物理研究所 Shanghai Inst. of Technical Physics	29	7	5	9	64
上海生命科学中心 Shanghai Biological Sciences Center	31	31			7
福建物质结构研究所 Fujian Inst. of Research on the Structure of Matter	40	37	26	44	51
中国科学院上海分院 CAS Shanghai Branch					1
江苏省 Jiangsu Province	50	37	22	39	325
紫金山天文台 Purple Mountain Observatory	4	1	1	1	64

	被国际上收录（篇）Catalogued by major international indexes (article)	其中：SCI 论文 Catalogued by SCI (article)	在国际被引用 Cited internationally 篇 (article)	次 (times)	国内刊物发表（篇）Publications in domestic journals (article)
南京地理与湖泊研究所 Nanjing Inst. of Geography and Limnology	17	12	7	17	87
南京地质古生物研究所 Nanjing Inst. of Geology and Palaeontology	12	12	7	9	67
南京土壤研究所 Nanjing Inst. of Soil Science	17	12	7	12	104
南京天文仪器研制中心 Nanjing R&D Center for Astronomical Instruments					3
安徽省 Anhui Province	1075	709	840	1797	1169
固体物理研究所 Inst. of Solid State Physics	42	33	21	38	34
等离子体物理研究所 Inst. of Plasma Physics	93	70	66	113	65
合肥智能机械研究所 Hefei Inst. of Intelligent Machines	2				6
安徽光学精密机械研究所 Anhui Inst. of Optics and Fine Mechanics	182	163	257	570	86
中国科学技术大学 University of Science and Technology of China	756	443	496	1076	978
湖北省、湖南省 Hubei and Hunan provinces	163	117	179	437	354
武汉物理与数学研究所 Wuhan Inst. of Physics and Mathematics	6	2	1	1	102
武汉岩土力学研究所 Wuhan Inst. of Rock and Soil Mechanics	39	2	1	1	48
测量与地球物理研究所 Inst. of Geodesy and Geophysics	108	108			33
武汉植物研究所 Wuhan Inst. of Botany			1	1	22

	被国际上收录（篇）Catalogued by major international indexes (article)	其中：SCI 论文 Catalogued by SCI (article)	在国际被引用 Cited internationally 篇 (article)	次 (times)	国内刊物发表（篇）Publications in domestic journals (article)
水生生物研究所 Inst. of Hydrobiology	6	3	2	3	81
武汉病毒研究所 Wuhan Inst. of Virology	4	2	1	1	22
武汉文献情报中心 Wuhan Center for Documentation and Information					
长沙大地构造研究所 Changsha Inst. of Geotectonics			87	165	20
长沙农业现代化研究所 Changsha Inst. of Agricultural Modernization			86	265	26
广东省 Guangdong Province	109	89	63	144	306
广州人造卫星观测站 Guangzhou Satellite Observation Station					
广州化学研究所 Guangzhou Inst. of Chemistry	35	28	19	63	63
广州地球化学研究所 Guangzhou Inst. of Geochemistry	32	28	19	29	126
南海海洋研究所 South China Sea Inst. of Oceanology	14	12	8	28	54
华南植物研究所 South China Inst. of Botany	24	21	17	24	51
广州电子研究所 Guangzhou Inst. of Electronic Technology					1
广州能源研究所 Guangzhou Inst. of Energy Conversion	4				11
四川省 Sichuan Province	231	206	174	316	224
成都有机化学研究所 Chengdu Inst. of Organic Chemistry	90	87	72	132	48

	被国际上收录（篇）Catalogued by major international indexes (article)	其中：SCI 论文 Catalogued by SCI (article)	在国际被引用 Cited internationally		国内刊物发表（篇）Publications in domestic journals (article)
			篇 (article)	次 (times)	
成都山地灾害与环境研究所 Chengdu Inst. of Mountain Hazards and Environment	1				30
成都生物研究所 Chengdu Inst. of Biology	89	88	82	142	24
成都计算机应用研究所 Chengdu Inst. of Computer Application	1				33
光电技术研究所 Inst. of Optics and Electronics	50	31	20	42	88
成都文献情报中心 Chengdu Documentation and Information Center					
中国科学院成都分院 CAS Chengdu Branch					1
云南省、贵州省 Yunnan and Guizhou provinces	65	58	71	114	276
云南天文台 Yunnan Observatory	6	1	1	1	68
昆明植物研究所 Kunming Inst. of Botany	16	16	11	16	46
昆明动物研究所 Kunming Inst. of Zoology	17	17	11	15	46
西双版纳热带植物园 Xishuangbanna Tropical Botanical Garden					24
贵阳地球化学研究所 Guiyang Inst. of Geochemistry	26	24	48	82	92
陕西省 Shaanxi Province	33	12	2	3	198
陕西天文台 Shaanxi Observatory	12	8			27
水土保持研究所 Inst. of Soil and Water Conservation	1	1	1	2	98

续表 7.2

	被国际上收录（篇）Catalogued by major international indexes (article)	其中：SCI 论文 Catalogued by SCI (article)	在国际被引用 Cited internationally 篇 (article)	次 (times)	国内刊物发表（篇）Publications in domestic journals (article)
西安光学精密机械研究所 Xi'an Inst. of Optics and Fine Mechanics	18	2			73
中国科学院西安分院 CAS Xi'an Branch	2	1	1	1	
甘肃省、青海省 Gansu and Qinghai provinces	136	99	69	147	516
近代物理研究所 Inst. of Modern Physics	36	18	12	20	101
兰州化学物理研究所 Lanzhou Inst. of Chemical Physics	30	13	10	14	145
寒区旱区环境与工程研究所 Cold and Arid Regions Environmental and Engineering Research Institute	44	43	30	85	180
兰州冰川冻土研究所 Lanzhou Inst. of Glaciology and Geocryology	16	16	11	19	86
兰州沙漠研究所 Lanzhou Inst. of Desert Research	14	13	9	20	47
兰州高原大气物理研究所 Lanzhou Inst. of Plateau Atmospheric Physics	14	14	10	46	47
兰州地质研究所 Lanzhou Inst. of Geology	14	14	11	20	42
资源环境科学信息中心 Scientific Information Center for Resources and Environment					2
中国科学院兰州分院 CAS Lanzhou Branch					
青海盐湖研究所 Qinghai Inst. of Saline Lakes	12	11	6	8	10
西北高原生物研究所 Northwest Inst. of Plateau Biology					36

续表 7.2

	被国际上收录（篇）Catalogued by major international indexes (article)	其中：SCI 论文 Catalogued by SCI (article)	在国际被引用 Cited internationally 篇 (article)	在国际被引用 Cited internationally 次 (times)	国内刊物发表（篇）Publications in domestic journals (article)
新疆维吾尔自治区 Xinjiang Uygur Autonomous Region	5	2			86
新疆物理研究所 Xinjiang Inst. of Physics	4	1			16
乌鲁木齐天文工作站 Ürümqi Astronomic Working Station					4
新疆化学研究所 Xinjiang Inst. of Chemistry	1	1			6
新疆地理研究所 Xinjiang Inst. of Geography					16
新疆生态与地理研究所 Xinjiang Inst. of Ecology and Geography					44

注：《工程索引》1998 年收录我院论文 1399 篇，830 篇对作者单位只检索到“中国科学院”，故此表各所未含该部分论文数。

Note：1 399 papers published by CAS were included in EI in 1998. The retrieval of the author's units of 830 papers is to CAS only，therefore，the number of papers of the institutes in this table does not include this part.

7.3 科技论文在国内重要期刊上发表及被引用情况
S&T Papers Published and Cited by Major Domestic Journals

年份 Year	国内期刊发表数（篇）Papers published in domestic journals (article)	NSFC 基金论文数（篇）NSFC papers (article)	在国内被引用 Cited domestically	
			篇 (article)	次 (times)
1990	4738	1215		
1991	4780	1342		
1992	5025	1570		
1993	4826	1611		
1994	4931	1783	2164	2968
1995	5092	1848	2309	3141
1996	6592	2331	2989	3911
1997	7261	2680	3455	4701
1998	7291	4016	3998	5316

资料来源：中国科学引文数据库。

Source：Chinese Science Citation Database.

注：中国科学引文数据库的数据来源于国内较重要的 582 种（1989～1995 年为 315 种）中英文期刊。NSFC 基金论文数是指受国家自然科学基金资助项目发表的论文数。1998 年国内被引情况是指 1993～1997 年被收录的论文在 1998 年被引用的情况。1997 年国内被引情况是指 1992～1996 年被收录的论文在 1997 年被引用的情况。1996 年国内被引用情况是指 1991～1995 年被收录的论文在 1996 年被引用的情况。1995 年国内被引用情况是指 1990～1994 年被收录的论文在 1995 年被引用的情况。1994 年国内被引用情况是指 1989～1993 年被收录的论文在 1994 年被引用的情况。

Note：Data in Chinese Science Citation Database are from 582 major domestic S&T journals in Chinese and English (315 major domestic S&T journals in 1989—1995). Data of NSFC papers refer to the number of papers which are published on the basis of research projects supported by the National Natural Science Foundation of China. Domestic citation refers to the citation in 1998 of papers quoted by Chinese Sciences Citation Database in 1993—1997, citation in 1997 of papers quoted in 1992—1996, citation in 1996 of papers quoted in 1991—1995, citation in 1995 of papers quoted in 1990—1994 and citation in 1994 of papers quoted in 1989—1993.

7.4 科技论文在国内重要期刊上被引次数最多的前 30 名机构（1998 年）

Top 30 Institutions in Citation of S&T Papers by Major Domestic Journals：1998

机构名称 Institution	在国内被引用 Cited domestically	
	篇 article	次 times
中国科学技术大学 University of Science and Technology of China	283	361
植物研究所 Inst. of Botany	166	259
兰州冰川冻土研究所 Lanzhou Inst. of Glaciology and Geocryology	147	216
地质研究所 Inst. of Geology	103	170
大气物理研究所 Inst. of Atmospheric Physics	100	145
大连化学物理研究所 Dalian Inst. of Chemical Physics	110	142
长春应用化学研究所 Changchun Inst. of Applied Chemistry	115	139
兰州化学物理研究所 Lanzhou Inst. of Chemical Physics	88	129
广州地球化学研究所 Guangzhou Inst. of Geochemistry	85	129
遗传研究所 Inst. of Genetics	65	121
生态环境研究中心 Research Center for Eco-Environmental Sciences	93	121
海洋研究所 Inst. of Oceanology	86	118
化学研究所 Inst. of Chemistry	81	107
上海生物化学研究所 Shanghai Inst. of Biochemistry	75	95
上海硅酸盐研究所 Shanghai Inst. of Ceramics	65	95

续表 7.4

机构名称 Institution	在国内被引用 Cited domestically	
	篇 article	次 times
地理研究所 Inst. of Geography	59	90
上海光学精密机械研究所 Shanghai Inst. of Optics and Fine Mechanics	66	81
南京地质古生物研究所 Nanjing Inst. of Geology and Palaeontology	66	80
动物研究所 Inst. of Zoology	66	78
山西煤炭化学研究所 Shanxi Inst. of Coal Chemistry	55	76
贵阳地球化学研究所 Guiyang Inst. of Geochemistry	57	76
金属研究所 Inst. of Metals Research	60	75
昆明植物研究所 Kunming Inst. of Botany	52	74
上海植物生理研究所 Shanghai Inst. of Plant Physiology	47	70
兰州沙漠研究所 Lanzhou Inst. of Desert Research	53	70
水生生物研究所 Inst. of Hydrobiology	55	69
微生物研究所 Inst. of Microbiology	51	63
沈阳应用生态研究所 Shenyang Inst. of Applied Ecology	42	62
华南植物研究所 South China Inst. of Botany	43	60
感光化学研究所 Inst. of Photographic Chemistry	49	60

资料来源：中国科学引文数据库。

Source：Chinese Science Citation Database.

注：国内被引情况是指 1993～1997 年被中国科学引文数据库收录的论文在 1998 年被引用的情况。

Note：Domestic citation refers to citation in 1998 of papers quoted by Chinese Science Citation Database in 1993—1997.

7.5 专利申请受理量及授权量

Number of Patents Applied and Granted

单位：件 (item)

年份 year	申请量 Applied				授权量 Granted			
	合计 Total	发明 Invention	实用新型 Utility model	外观设计 Design	合计 Total	发明 Invention	实用新型 Utility model	外观设计 Design
1985～1990	1607	988	619		790	371	419	
1991	298	190	107	1	168	89	79	
1992	367	228	139		212	105	107	
1993	414	262	150	2	255	104	150	1
1994	453	269	182	2	197	81	112	4
1995	499	301	195	3	224	86	137	1
1996	791	467	318	6	192	86	105	1
1997	945	589	333	23	257	93	160	4
1998	1059	694	346	19	264	76	176	12
1999	1127	775	340	12	472	108	360	4

7.6 专利申请受理量及授权量（1999年）

Number of Patents Applied and Granted：1999

单位：件　　　　　　　　　　　　　　　　　　　　　　　　　　　　（item）

	申请量 Applied				授权量 Granted			
	合计 Total	发明 Invention	实用新型 Utility model	外观设计 Design	合计 Total	发明 Invention	实用新型 Utility model	外观设计 Design
总　计 Total	**1127**	**775**	**340**	**12**	**472**	**108**	**360**	**4**
一、按系统分 By system								
（一）科研机构 Research units	1077	751	316	10	454	105	345	4
数学、物理 Mathematics & physics	135	75	60		96	20	76	
化学与化工 Chemistry & chemical engineering	456	403	52	1	98	50	47	1
地学 Earth sciences	32	20	12		16	3	13	
生物学 Biological sciences	122	101	17	4	29	8	21	
技术科学 Technological sciences	332	152	175	5	214	23	188	3
其他 Others					1	1		
（二）支撑机构 Supporting organizations	49	24	24	1	18	3	15	
教育培干 Education & cadre training	38	23	15		16	3	13	
科学仪器研制 Scientific instrument development	11	1	9	1	2		2	
（三）院直属企业 Enterprises directly affiliated to CAS	1			1				
二、按单位分 By unit								
（一）事业单位 Institutions								
北京市 Beijing	295	231	63	1	90	21	68	1
物理研究所 Inst. of Physics	21	18	3		11	4	7	

	申请量 Applied				授权量 Granted			
	合计 Total	发明 Invention	实用新型 Utility model	外观设计 Design	合计 Total	发明 Invention	实用新型 Utility model	外观设计 Design
声学研究所 Inst. of Acoustics	4	4			8	3	5	
低温技术实验中心 Cryogenic Laboratory	7	3	4		10		10	
高能物理研究所 Inst. of High Energy Physics	2		2		2		2	
北京天文台 Beijing Astronomical Observatory								
力学研究所 Inst. of Mechanics	46	24	22		10	2	8	
化学研究所 Inst. of Chemistry	53	52	1		11	9	2	
感光化学研究所 Inst. of Photographic Chemistry	21	21						
生态环境研究中心 Research Center for Eco-Environmental Sciences	28	28			1		1	
化工冶金研究所 Inst. of Chemical Metallurgy	31	24	7		16	2	14	
地理研究所 Inst. of Geography	5	3	2					
遥感应用研究所 Inst. of Remote Sensing Application								
地质研究所 Inst. of Geology								
地球物理研究所 Inst. of Geophysics								
大气物理研究所 Inst. of Atmospheric Physics								
植物研究所 Inst. of Botany	1	1						
动物研究所 Inst. of Zoology	5	3	2		3		3	
心理研究所 Inst. of Psychology					1		1	
微生物研究所 Inst. of Microbiology	8	8						

续表 7.6

	申请量 Applied				授权量 Granted			
	合计 Total	发明 Invention	实用新型 Utility model	外观设计 Design	合计 Total	发明 Invention	实用新型 Utility model	外观设计 Design
生物物理研究所 Inst. of Biophysics	8	3	5		4		4	
遗传研究所 Inst. of Genetics	6	6						
发育生物学研究所 Inst. of Developmental Biology								
计算技术研究所 Inst. of Computing Technology								
软件研究所 Inst. of Software	2	1	1					
半导体研究所 Inst. of Semiconductors	10	8	2		3	1	2	
微电子中心 Microelectronics R&D Center								
电子学研究所 Inst. of Electronics	8	7	1		2		2	
自动化研究所 Inst. of Automation	10	6	4		5		4	1
电工研究所 Inst. of Electric Engineering								
工程热物理研究所 Inst. of Engineering Thermophysics	3	1	2		2		2	
空间科学与应用研究中心 Center for Space Science and Applied Research	12	8	4		1		1	
遥感卫星地面站 Remote Sensing Satellite Ground Station								
北京科学仪器研制中心 Beijing R&D Center for Scientific Instruments	2		1	1				
中国科学技术大学研究生院 Graduate School of the University of Science and Technology of China	2	2						
河北省 Hebei Province	5	1	4		3	1	2	

续表 7.6

	申请量 Applied				授权量 Granted			
	合计 Total	发明 Invention	实用新型 Utility model	外观设计 Design	合计 Total	发明 Invention	实用新型 Utility model	外观设计 Design
石家庄农业现代化研究所 Shijiazhuang Inst. of Agricultural Modernization	5	1	4		3	1	2	
山西省 Shanxi Province	52	43	9		24	13	10	1
山西煤炭化学研究所 Shanxi Inst. of Coal Chemistry	52	43	9		24	13	10	1
辽宁省、山东省 Liaoning and Shandong provinces	204	145	56	3	73	18	55	
大连化学物理研究所 Dalian Inst. of Chemical Physics	96	87	8	1	24	8	16	
沈阳应用生态研究所 Shenyang Inst. of Applied Ecology	12	12						
沈阳计算技术研究所 Shenyang Inst. of Computing Technology	5		3	2				
沈阳自动化研究所 Shenyang Inst. of Automation	16	4	12		15		15	
金属研究所 Inst. of Metals Research	59	38	21		24	8	16	
金属腐蚀与防护研究所 Inst. of Corrosion and Protection of Metals	5	1	4		9	1	8	
沈阳科学仪器研制中心 Shenyang R&D Center for Scientific Instruments	6		6					
海洋研究所 Inst. of Oceanology	5	3	2		1	1		
吉林省、黑龙江省 Jilin and Heilongjiang provinces	112	59	52	1	62	5	57	
长春物理研究所 Changchun Inst. of Physics								
长春人造卫星观测站 Changchun Satellite Observation Station								
长春应用化学研究所 Changchun Inst. of Applied Chemistry	37	24	13					

	申请量 Applied				授权量 Granted			
	合计 Total	发明 Invention	实用新型 Utility model	外观设计 Design	合计 Total	发明 Invention	实用新型 Utility model	外观设计 Design
长春地理研究所 Changchun Inst. of Geography	5	5			3	1	2	
长春光学精密机械研究所 Changchun Inst. of Optics and Fine Mechanics	64	24	39	1	59	4	55	
黑龙江农业现代化研究所 Heilongjiang Inst. of Agricultural Modernization	6	6						
上海市、福建省 Shanghai，Fujian Province	149	109	40		30	6	24	
上海原子核研究所 Shanghai Inst. of Nuclear Research	5	4	1		3		3	
上海天文台 Shanghai Observatory								
上海硅酸盐研究所 Shanghai Inst. of Ceramics	17	13	4		1		1	
上海有机化学研究所 Shanghai Inst. of Organic Chemistry	22	22						
上海植物生理研究所 Shanghai Inst. of Plant Physiology	5	4	1		1		1	
上海昆虫研究所 Shanghai Inst. of Entomology								
上海药物研究所 Shanghai Inst. of Materia Medica	5	5			1	1		
上海生理研究所 Shanghai Inst. of Physiology	3	3						
上海生物化学研究所 Shanghai Inst. of Biochemistry	11	11						
上海细胞生物学研究所 Shanghai Inst. of Cell Biology	5	5						
上海生物工程研究中心 Shanghai Bioengineering Research Center	3	3						
上海冶金研究所 Shanghai Inst. of Metallurgy	10	6	4		6		6	

续表 7.6

	申请量 Applied				授权量 Granted			
	合计 Total	发明 Invention	实用新型 Utility model	外观设计 Design	合计 Total	发明 Invention	实用新型 Utility model	外观设计 Design
上海光学精密机械研究所 Shanghai Inst. of Optics and Fine Mechanics	33	15	18		2	1	1	
上海技术物理研究所 Shanghai Inst. of Technical Physics	15	5	10		16	4	12	
福建物质结构研究所 Fujian Inst. of Research on the Structure of Matter	15	13	2					
江苏省 Jiangsu Province	19	6	13		23		23	
紫金山天文台 Purple Mountain Observatory	9	1	8		14		14	
南京地理与湖泊研究所 Nanjing Inst. of Geography and Limnology	2	1	1					
南京土壤研究所 Nanjing Inst. of Soil Science	5	3	2		7		7	
南京天文仪器研制中心 Nanjing R&D Center for Astronomical Instruments	3	1	2		2		2	
安徽省 Anhui Province	71	34	37		57	9	47	1
中国科学院合肥分院 CAS Hefei Branch					1	1		
固体物理研究所 Inst. of Solid State Physics	3	3			6	2	4	
等离子体物理研究所 Inst. of Plasma Physics	7	3	4		8	1	7	
合肥智能机械研究所 Hefei Inst. of Intelligent Machines	11	7	4		10		9	1
安徽光学精密机械研究所 Anhui Inst. of Optics and Fine Mechanics	14		14		16	2	14	
中国科学技术大学 University of Science and Technology of China	36	21	15		16	3	13	
湖北省、湖南省 Hubei and Hunan provinces	28	13	11	4	21	2	19	

	申请量 Applied				授权量 Granted			
	合计 Total	发明 Invention	实用新型 Utility model	外观设计 Design	合计 Total	发明 Invention	实用新型 Utility model	外观设计 Design
武汉物理与数学研究所 Wuhan Inst. of Physics and Mathematics	10	6	4		6	1	5	
武汉岩土力学研究所 Wuhan Inst. of Rock and Soil Mechanics	6		6		6		6	
测量与地球物理研究所 Inst. of Geodesy and Geophysics	2	1	1		6		6	
武汉植物研究所 Wuhan Inst. of Botany	5	5						
水生生物研究所 Inst. of Hydrobiology								
武汉病毒研究所 Wuhan Inst. of Virology								
长沙大地构造研究所 Changsha Inst. of Geotectonics								
长沙农业现代化研究所 Changsha Inst. of Agricultural Modernization	5	1		4	3	1	2	
广东省 Guangdong Province	47	37	10		24	3	20	1
广州化学研究所 Guangzhou Inst. of Chemistry	33	28	5					
广州地球化学研究所 Guangzhou Inst. of Geochemistry								
南海海洋研究所 South China Sea Inst. of Oceanology	5	5			1	1		
华南植物研究所 South China Inst. of Botany								
广州电子研究所 Guangzhou Inst. of Electronic Technology					10	1	8	1
广州能源研究所 Guangzhou Inst. of Energy Conversion	9	4	5		13	1	12	

	申请量 Applied				授权量 Granted			
	合计 Total	发明 Invention	实用新型 Utility model	外观设计 Design	合计 Total	发明 Invention	实用新型 Utility model	外观设计 Design
四川省 Sichuan Province	61	40	19	2	28	5	23	
成都有机化学研究所 Chengdu Inst. of Organic Chemistry	23	22	1		5	4	1	
成都山地灾害与环境研究所 Chengdu Inst. of Mountain Hazards and Environment	5	2	3					
成都生物研究所 Chengdu Inst. of Biology	8	6	2		2	1	1	
成都计算机应用研究所 Chengdu Inst. of Computer Application	4	1	1	2	1		1	
光电技术研究所 Inst. of Optics and Electronics	21	9	12		20		20	
成都科学仪器研制中心 Chengdu R&D Center for Scientific Instruments								
云南省、贵州省 Yunnan and Guizhou provinces	11	11			4	4		
云南天文台 Yunnan Observatory								
昆明植物研究所 Kunming Inst. of Botany	11	11			4	4		
西双版纳热带植物园 Xishuangbanna Tropical Botanical Garden								
昆明动物研究所 Kunming Inst. of Zoology								
贵阳地球化学研究所 Guiyang Inst. of Geochemistry								
陕西省 Shaanxi Province	25	8	17					
陕西天文台 Shaanxi Observatory	2		2					
水土保持研究所 Inst. of Soil and Water Conservation	2	1	1					

续表 7.6

	申请量 Applied				授权量 Granted			
	合计 Total	发明 Invention	实用新型 Utility model	外观设计 Design	合计 Total	发明 Invention	实用新型 Utility model	外观设计 Design
西安光学精密机械研究所 Xi'an Inst. of Optics and Fine Mechanics	21	7	14					
甘肃省、青海省 Gansu and Qinghai provinces	32	24	8		21	13	8	
近代物理研究所 Inst. of Modern Physics	3		3		2		2	
兰州化学物理研究所 Lanzhou Inst. of Chemical Physics	20	19	1		11	11		
寒区旱区环境与工程研究所 Cold and Arid Regions Environmental and Engineering Research Institute	1		1		5		5	
兰州冰川冻土研究所 Lanzhou Inst. of Glaciology and Geocryology					3		3	
兰州沙漠研究所 Lanzhou Inst. of Desert Research	1		1		2		2	
兰州高原大气物理研究所 Lanzhou Inst. of Plateau Atmospheric Physics								
兰州地质研究所 Lanzhou Inst. of Geology	2		2					
青海盐湖研究所 Qinghai Inst. of Saline Lakes	3	2	1		3	2	1	
西北高原生物研究所 Northwest Inst. of Plateau Biology	3	3						
新疆维吾尔自治区 Xinjiang Uygur Autonomous Region	15	14	1		12	8	4	
新疆物理研究所 Xinjiang Inst. of Physics	10	9	1		10	7	3	
乌鲁木齐天文工作站 Ürümqi Astronomic Working Station								
新疆化学研究所 Xinjiang Inst. of Chemistry	5	5			2	1	1	

续表 7.6

	申请量 Applied				授权量 Granted			
	合计 Total	发明 Invention	实用新型 Utility model	外观设计 Design	合计 Total	发明 Invention	实用新型 Utility model	外观设计 Design
新疆生态与地理研究所 Xinjiang Inst. of Ecology and Geography								
（二）企业单位 Enterprises	1			1				
中科实业集团（控股）公司 China Sciences Holdings Co.	1			1				
联想集团控股公司 Legend Group Holdings Co.								
东方科学仪器进出口集团公司 Oriental Scientific Instrument Import & Export Group Corporation								
中国科技国际信托投资公司 China S&T International Trust & Investment Co.								
深圳科健集团有限公司 Shenzhen Kejian Holdings Co. Ltd.								
北京科海高技术集团公司 Beijing Kehai High Technology. Group Co.								

7.7 获国家自然科学奖科技成果（1999年）
S&T Achievements Granted with National Natural Science Awards in 1999

单位：项 (items)

	合计 Total	一等奖 1st class	二等奖 2nd class	三等奖 3rd class	四等奖 4th class
总计 Total	**21**		**7**	**11**	**3**
声学研究所 Inst. of Acoustics	1			1	
理论物理研究所 Inst. of Theoretical Physics	1		1		
化学研究所 Inst. of Chemistry	1		1		
植物研究所 Inst. of Botany	1			1	
动物研究所 Inst. of Zoology	1			1	
生物物理研究所 Inst. of Biophysics	1		1		
软件研究所 Inst. of Software	1		1		
半导体研究所 Inst. of Semiconductors	1			1	
大连化学物理研究所 Dalian Inst. of Chemical Physics	1		1		
金属研究所 Inst. of Metals Research	2				2
上海有机化学研究所 Shanghai Inst. of Organic Chemistry	1		1		
上海生物化学研究所 Shanghai Inst. of Biochemistry	1			1	
南京土壤研究所 Nanjing Inst. of Soil Science	1			1	

续表 7.7

	合计 Total	一等奖 1st class	二等奖 2nd class	三等奖 3rd class	四等奖 4th class
中国科技大学 University of Science and Technology of China	1			1	
测量与地球物理研究所 Inst. of Geodesy and Geophysics	1			1	
水生生物研究所 Inst. of Hydrobiology	1			1	
广州地球化学研究所 Guangzhou Inst. of Geochemistry	1			1	
中国科学院西安分院 CAS Xi'an Branch	1			1	
近代物理研究所 Inst. of Modern Physics	1		1		
兰州冰川冻土研究所 Lanzhou Inst. of Glaciology and Geocryology	1				1

7.8 获国家发明奖科技成果（1999年）

S&T Achievements Granted with National Invention Awards in 1999

单位：项 (items)

	合计 Total	一等奖 1st class	二等奖 2nd class	三等奖 3rd class	四等奖 4th class
总计 Total	**7**		**2**	**4**	**1**
低温技术实验中心 Cryogenic Laboratory	1			1	
遗传研究所 Inst. of Genetics	1			1	
大连化学物理研究所 Dalian Inst. of Chemical Physics	1		1		
金属研究所 Inst. of Metals Research	1			1	
上海硅酸盐研究所 Shanghai Inst. of Ceramics	1			1	
上海光学精密机械研究所 Shanghai Inst. of Optics and Fine Mechanics	1		1		
固体物理研究所 Inst. of Solid State Physics	1				1

7.9 获国家科技进步奖科技成果（1999 年）

S&T Achievements Granted with National S&T Progress Awards in 1999

单位：项 (items)

	合计 Total	特等奖 Special class	一等奖 1st class	二等奖 2nd class	三等奖 3rd class
总计 Total	**20**			**6**	**14**
物理研究所 Inst. of Physics	2			1	1
力学研究所 Inst. of Mechanics	1				1
化工冶金研究所 Inst. of Chemical Metallurgy	1				1
遥感应用研究所 Inst. of Remote Sensing Application	1			1	
软件研究所 Inst. of Software	1				1
计算机网络信息中心 Computer Network Information Center	1				1
山西煤炭化学研究所 Shanxi Inst. of Coal Chemistry	1				1
沈阳应用生态研究所 Shenyang Inst. of Applied Ecology	1			1	
长春光学精密机械研究所 Changchun Inst. of Optics and Fine Mechanics	2			1	1
上海天文台 Shanghai Observatory	1				1
上海生物化学研究所 Shanghai Inst. of Biochemistry	1				1
紫金山天文台 Purple Mountain Observatory	1			1	
南京天文仪器研制中心 Nanjing R&D Center for Astronomical Instruments	1				1

续表 7.9

	合计 Total	特等奖 Special class	一等奖 1st class	二等奖 2nd class	三等奖 3rd class
中国科技大学 University of Science and Technology of China	1				1
南海海洋所 South China Sea Inst. of Oceanology	1			1	
光电技术研究所 Inst. of Optics and Electronics	2				2
新疆生态与地理研究所 Xinjiang Inst. of Ecology and Geography	1				1

7.10 获国家自然科学奖科技成果

S&T Achievements Granted with National Natural Science Awards

年份 Year	项目 Item	获奖总项数 Total	一等奖 1st class	二等奖 2nd class	三等奖 3rd class	四等奖 4th class
1956	全国授奖项数 National total	34	3	5	26	
(第一届)	中国科学院获奖数 Awards won by CAS	23	3	2	18	
1982	全国授奖项数 National total	125	9	40	49	27
(第二届)	中国科学院获奖数 Awards won by CAS	47	2	23	17	5
1987	全国授奖项数 National total	178	11	39	87	41
(第三届)	中国科学院获奖数 Awards won by CAS	72	7	17	33	15
1989	全国授奖项数 National total	59	2	19	23	15
(第四届)	中国科学院获奖数 Awards won by CAS	32	2	11	14	5
1991	全国授奖项数 National total	53		10	31	12
(第五届)	中国科学院获奖数 Awards won by CAS	16		5	11	
1993	全国授奖项数 National total	52	1	18	21	12
(第六届)	中国科学院获奖数 Awards won by CAS	20	1	11	6	2
1995	全国授奖项数 National total	57		15	27	15
(第七届)	中国科学院获奖数 Awards won by CAS	25		10	11	4
1997	全国授奖项数 National total	51	1	8	30	12
(第八届)	中国科学院获奖数 Awards won by CAS	20	1	5	12	2
1999	全国授奖项数 National total	57		10	31	16
(第九届)	中国科学院获奖数 Awards won by CAS	21		7	11	3

7.11 获国家发明奖科技成果

S&T Achievements Granted with National Invention Awards

年份 Year	项　　目 Item	获奖总项数 Total	一等奖 1st class	二等奖 2nd class	三等奖 3rd class	四等奖 4th class
1979	全国授奖项数 National total	43	1	12	24	6
	中国科学院获奖数 Awards won by CAS	12	1	3	7	1
1980	全国授奖项数 National total	109		13	75	21
	中国科学院获奖数 Awards won by CAS	22		4	17	1
1981	全国授奖项数 National total	123	3	10	56	54
	中国科学院获奖数 Awards won by CAS	6			3	3
1982	全国授奖项数 National total	153	4	17	68	64
	中国科学院获奖数 Awards won by CAS	9			4	5
1983	全国授奖项数 National total	212	5	18	108	81
	中国科学院获奖数 Awards won by CAS	11		2	8	1
1984	全国授奖项数 National total	264	7	25	125	107
	中国科学院获奖数 Awards won by CAS	15	1	3	8	3
1985	全国授奖项数 National total	185	6	18	92	69
	中国科学院获奖数 Awards won by CAS	6			4	2
1986	全国授奖项数 National total	30		3	12	15
	中国科学院获奖数 Awards won by CAS					
1987	全国授奖项数 National total	225	1	24	96	104
	中国科学院获奖数 Awards won by CAS	12		1	9	2
1988	全国授奖项数 National total	217	4	20	97	96
	中国科学院获奖数 Awards won by CAS	12	1	2	6	3

续表 7.11

年份 Year	项目 Item	获奖总项数 Total	一等奖 1st class	二等奖 2nd class	三等奖 3rd class	四等奖 4th class
1989	全国授奖项数 National total	150		14	67	69
	中国科学院获奖数 Awards won by CAS	4			3	1
1990	全国授奖项数 National total	224	3	15	113	93
	中国科学院获奖数 Awards won by CAS	5			4	1
1991	全国授奖项数 National total	209	1	12	92	104
	中国科学院获奖数 Awards won by CAS	7	1	1	4	1
1992	全国授奖项数 National total	170		10	68	92
	中国科学院获奖数 Awards won by CAS	5		1	1	3
1993	全国授奖项数 National total	175		16	74	85
	中国科学院获奖数 Awards won by CAS	5		2	3	
1995	全国授奖项数 National total	131	1	12	59	59
	中国科学院获奖数 Awards won by CAS	4		1	3	
1996	全国授奖项数 National total	111	1	8	56	46
	中国科学院获奖数 Awards won by CAS	9		1	6	2
1997	全国授奖项数 National total	100	1	13	46	40
	中国科学院获奖数 Awards won by CAS					
1998	全国授奖项数 National total	72		10	30	32
	中国科学院获奖数 Awards won by CAS	4		1	1	2
1999	全国授奖项数 National total	69		13	38	18
	中国科学院获奖数 Awards won by CAS	7		2	4	1

注：1994 年国家发明奖停评一年。

Note：The evaluation of achievements for National Invention Awards was suspends in 1994 for a year.

7.12 获国家科技进步奖科技成果

S&T Achievements Granted with National S&T Progress Awards

年份 Year	项　目 Item	获奖总项数 Total	特等奖 Special class	一等奖 1st class	二等奖 2nd class	三等奖 3rd class
1985	全国授奖项数 National total	1761	23	135	535	1068
	中国科学院获奖数 Awards won by CAS	73	2	8	28	35
1987	全国授奖项数 National total	807	4	50	237	516
	中国科学院获奖数 Awards won by CAS	36		1	13	22
1988	全国授奖项数 National total	515	3	34	151	327
	中国科学院获奖数 Awards won by CAS	29		4	11	14
1989	全国授奖项数 National total	504	3	36	152	313
	中国科学院获奖数 Awards won by CAS	26		1	9	16
1990	全国授奖项数 National total	505	3	32	142	328
	中国科学院获奖数 Awards won by CAS	17	1	3	5	8
1991	全国授奖项数 National total	502	1	32	140	329
	中国科学院获奖数 Awards won by CAS	28		1	11	16
1992	全国授奖项数 National total	649	3	38	195	413
	中国科学院获奖数 Awards won by CAS	40		4	14	22
1993	全国授奖项数 National total	441	2	27	122	290
	中国科学院获奖数 Awards won by CAS	22		3	10	9
1995	全国授奖项数 National total	607	2	25	182	398
	中国科学院获奖数 Awards won by CAS	44		2	13	29
1996	全国授奖项数 National total	536	4	20	169	343
	中国科学院获奖数 Awards won by CAS	31			8	23

续表 7.12

年份 Year	项目 Item	获奖总项数 Total	特等奖 Special class	一等奖 1st class	二等奖 2nd class	三等奖 3rd class
1997	全国授奖项数 National total	475	3	19	150	303
	中国科学院获奖数 Awards won by CAS	21		1	10	10
1998	全国授奖项数 National total	471	3	22	133	313
	中国科学院获奖数 Awards won by CAS	24		2	6	16
1999	全国授奖项数 National total	476	2	17	143	314
	中国科学院获奖数 Awards won by CAS	20			6	14

注：国家科技进步奖 1986 年、1994 年停评。

Note：The evaluation of achievements for National S&T Progress Awards was suspended in 1986 and 1994.

7.13 中国科学院自然科学奖授奖情况

S&T Achievements Granted with CAS Natural Science Awards

单位：项 (item)

年份 Year	合计 Total	特等奖 Special class	一等奖 1st class	二等奖 2nd class	三等奖 3rd class
1989	127		20	51	56
1990	125		12	47	66
1991	111		11	50	50
1992	116		17	43	56
1993	107		17	45	45
1994	98		18	37	43
1995	95		16	36	43
1996	86		12	35	39
1997	68	1	14	32	21
1998	73		10	35	28
1999	63		12	27	24

7.14 中国科学院科技进步奖授奖情况

S&T Achievements Granted with CAS S&T Progress Awards

单位：项 (item)

年份 Year	合计 Total	特等奖 Special class	一等奖 1st class	二等奖 2nd class	三等奖 3rd class
1980	232		56	176	
1981	131		33	98	
1982	239		32	207	
1983	294		53	241	
1986	687	3	63	206	415
1987	400	2	62	134	202
1988	361	1	41	134	185
1989	238	2	21	85	130
1990	234	1	29	93	111
1991	251	1	30	87	133
1992	259	2	37	92	128
1993	196	1	28	67	100
1994	151	2	13	60	76
1995	138	1	21	47	69
1996	131	4	15	43	69
1997	106	4	14	38	50
1998	94	3	13	38	40
1999	63	2	11	26	24

注：1980～1983年为重大科技成果奖，1984、1985年停评，1986～1988年统称为中国科学院科技进步奖，1989年以后自然科学奖与科技进步奖分开评审。

Note: The awards were called Major S&T Progress Awards from 1980 to 1983. The award evaluation was suspended in 1984 and 1985. From 1986 to 1988, the awards were renamed CAS S&T Progress Awards and separate evaluations of CAS Natural Science Awards and S&T progress Awards have been conducted since 1989.

7.15 中国科学院发明奖授奖情况

S&T Achievements Granted with CAS Invention Awards

单位：项 (item)

年份 Year	合计 Total	特等奖 Special class	一等奖 1st class	二等奖 2nd class	三等奖 3rd class
1997	15		2	5	8
1998	12	1	2	7	2
1999	6		1	2	3

八、国际合作及与港、澳、台交流

INTERNATIONAL COOPERATION, AND EXCHANGES WITH HONG KONG, MACAO AND TAIWAN REGIONS

8.1 国际合作及与港、澳、台交流情况

International Cooperation, and Exchanges with Hong Kong, Macao and Taiwan Regions

单位：人次 (person • time)

年份 Year	派出 CAS staff sent outside	邀请 Visitors hosted by CAS	年份 Year	派出 CAS staff sent outside	邀请 Visitors hosted by CAS
1950	16		1982	1322	992
1951	11		1983	1222	1798
1952	5		1984	1827	1845
1953	53		1985	1713	3197
1954	45	3	1986	1310	3770
1955	84	84	1987	2216	2558
1956	226	204	1988	3344	3518
1957	133	248	1989	4077	2097
1958	159	345	1990	4456	2184
1959	103	302	1991	4459	2544
1960	119	192	1992	4164	2425
1961	75	27	1993	4378	2719
			1994	4319	1835
1976	147	200	1995	4484	2554
1977	217	322	1996	5432	2018
1978	587	571	1997	5247	2990
1979	784	1074	1998	5035	2861
1980	950	1760	1999	7237	2895
1981	1119	1211			

8.2 国际合作及与港、澳、台交流情况（1999 年）
International Cooperation, and Exchanges with Hong Kong, Macao and Taiwan Regions: 1999

单位：人次 (person · time)

国家与地区 Country and region	派出 CAS staff sent outside			邀请 Visitors hosted by CAS		
	合计 Total	所级 At institute level	院级 At academy level	合计 Total	所级 At institute level	院级 At academy level
总计 Total	**7237**	**5806**	**1431**	**2895**	**2250**	**645**
亚洲 Asia	1588	1388	200	852	735	117
巴基斯坦 Pakistan	16	10	6	2	2	
朝鲜民主主义人民共和国 PDRK	13	13		24	24	
菲律宾 Philippines	9	8	1	2	2	
哈萨克斯坦 Kazakhstan	5	5				
韩国 Republic of Korea	215	181	34	135	135	
马来西亚 Malaysia	18	16	2	5	5	
缅甸 Myanmar	1	1				
蒙古国 Mongolia	11	6	5	3	3	
孟加拉 Bangladesh	3	3				
尼泊尔 Nepal	23	16	7	1	1	
日本 Japan	861	770	91	596	486	110
斯里兰卡 Sri Lanka	2	2				
塔吉克斯坦 Takzhikistan	6	6				
泰国 Thailand	97	81	16	21	21	

国家与地区 Country and region	派出 CAS staff sent outside			邀请 Visitors hosted by CAS		
	合计 Total	所级 At institute level	院级 At academy level	合计 Total	所级 At institute level	院级 At academy level
土耳其 Turkey	7	4	3			
新加坡 Singapore	191	163	28	13	13	
伊朗 Iran	19	19		11	11	
阿联酋 United Arab	4	4				
以色列 Israel	13	13		10	10	
印度 India	47	42	5	11	11	
印度尼西亚 Indonesia	8	6	2			
约旦 Jordan	1	1				
越南 Vietnam	18	18		18	11	7
欧　洲 Europe	2178	1438	740	824	639	185
爱尔兰 Ireland	1	1				
奥地利 Austria	69	48	21	18	13	5
白俄罗斯 Belarus	9	1	8			
保加利亚 Bulgaria	3	3		1	1	
比利时 Belgium	31	22	9	11	10	1
冰岛 Iceland	3	2	1			
波兰 Poland	25	10	15	13	13	

国家与地区 Country and region	派出 CAS staff sent outside			邀请 Visitors hosted by CAS		
	合计 Total	所级 At institute level	院级 At academy level	合计 Total	所级 At institute level	院级 At academy level
丹麦 Denmark	21	15	6	1	1	
德国 Germany	648	412	236	205	139	66
俄罗斯 Russia	211	134	77	112	112	
法国 France	303	224	79	131	99	32
芬兰 Finland	21	14	7	3	1	2
格鲁吉亚 Georgia	2	2				
荷兰 Netherlands	125	93	32	33	18	15
捷克 Czech	13	5	8	10	10	
罗马尼亚 Romania				2	2	
挪威 Norway	8	7	1	1	1	
葡萄牙 Portugal	11	11				
瑞典 Sweden	51	36	15	39	29	10
瑞士 Switzerland	62	41	21	43	40	3
斯洛伐克 Slovak	6	4	2	5	5	
西班牙 Spain	28	21	7	17	16	1
乌克兰 Ukraine	9	9		6	6	
希腊 Greece	17	17				

国家与地区 Country and region	派出 CAS staff sent outside			邀请 Visitors hosted by CAS		
	合计 Total	所级 At institute level	院级 At academy level	合计 Total	所级 At institute level	院级 At academy level
匈牙利 Hungary	25	10	15			
意大利 Italy	176	136	40	35	23	12
英国 UK	300	160	140	138	100	38
非　洲 Africa	69	17	52	3	3	
埃及 Egypt	11	3	8			
阿尔及利亚 Algeria				1	1	
津巴布韦 Zimbabwe	1	1				
马达加斯加 Madagascar	2	1	1			
马耳他 Malta	1		1			
摩洛哥 Morocco	1		1			
南非 South Africa	37	8	29	2	2	
塞内加尔 Senegal	9		9			
苏丹 Sudan	1	1				
坦桑尼亚 Tanzania	4	3	1			
突尼斯 Tunisia	2		2			
北美洲 North America	1652	1449	203	664	643	21
加拿大 Canada	195	181	14	89	86	3

国家与地区 Country and region	派出 CAS staff sent outside			邀请 Visitors hosted by CAS		
	合计 Total	所级 At institute level	院级 At academy level	合计 Total	所级 At institute level	院级 At academy level
美国 USA	1448	1260	188	569	551	18
墨西哥 Mexico	9	8	1	6	6	
南美洲 South America	23	12	11	4	4	0
阿根廷 Argentina	6	4	2	1	1	
巴西 Brazil	10	5	5	3	3	
哥伦比亚 Colombia	1		1			
哥斯达黎加 Costa Rica	2		2			
秘鲁 Peru	2	2				
智利 Chile	2	1	1			
大洋洲 Oceania	179	148	31	71	65	6
澳大利亚 Australia	171	142	29	63	57	6
新西兰 New Zealand	8	6	2	8	8	
港、澳、台地区 Hong Kong，Macao and Taiwan regions	1548	1354	194	477	161	316
香港 Hong Kong	1189	1039	150	82	82	
澳门 Macao	67	27	40	4	4	
台湾 Taiwan	292	288	4	391	75	316

8.3 国际合作及与港、澳、台交流邀请项目按类型分类(1999年)

Statistics of Visitors Hosted by CAS, by Type of Exchange: 1999

单位：人次 (person • time)

国家与地区 Country and region	按交流形式分类统计（人次） By type of exchange (person • time)					
	考察访问 Investigation and visit	合作研究 Joint research	国际会议 International conference	培训 Training	商务活动 Business activity	其他 Others
合计 Total	**894**	**1095**	**499**	**16**	**79**	**312**
亚洲 Asia	190	321	202	6	17	116
巴基斯坦 Pakistan			2			
朝鲜民主主义人民共和国 PDRK	15	3		3	3	
菲律宾 Philippines						2
韩国 Republic of Korea	17	36	62		5	15
马来西亚 Malaysia			2	1		2
蒙古国 Mongolia			3			
尼泊尔 Nepal	1					
日本 Japan	132	262	106		2	94
泰国 Thailand	8	9	2	1		1
新加坡 Singapore	3	6	3			1
伊朗 Iran		2	3		6	
以色列 Israel	4	2	3		1	
印度 India	2		8			1
越南 Vietnam	8	1	8	1		
欧洲 Europe	281	330	140	5	12	47
奥地利 Austria	5	5	8			

续表 8.3

国家与地区 Country and region	按交流形式分类统计（人次） By type of exchange (person · time)					
	考察访问 Investigation and visit	合作研究 Joint research	国际会议 International conference	培训 Training	商务活动 Business activity	其他 Others
保加利亚 Bulgaria				1		
比利时 Belgium	5	1	4	1		
波兰 Poland	6	5	2			
丹麦 Denmark	1					
德国 Germany	65	85	36		5	14
俄罗斯 Russia	18	75	9			1
法国 France	41	44	32		1	13
芬兰 Finland	3					
荷兰 Netherlands	14	8	5	2		4
捷克 Czech	8	1	1			
罗马尼亚 Romania		2				
挪威 Norway		1				
瑞典 Sweden	16	11	8		2	2
瑞士 Switzerland	8	31	4			
斯洛伐克 Slovak	4		1			
西班牙 Spain	5	7	1			4
乌克兰 Ukraine	3	2	1			
意大利 Italy	13	13	7			2
英国 UK	66	39	21	1	4	7

国家与地区 Country and region	按交流形式分类统计（人次） By type of exchange (person • time)					
	考察访问 Investigation and visit	合作研究 Joint research	国际会议 International conference	培训 Training	商务活动 Business activity	其他 Others
非　　洲 Africa	2	1				
阿尔及利亚 Algeria		1				
南非 South Africa	2					
北美洲 North America	174	266	84	5	48	87
加拿大 Canada	22	39	17			11
美国 USA	152	226	62	5	48	76
墨西哥 Mexico		1	5			
南美洲 South America			4			
阿根廷 Argentina			1			
巴西 Brazil			3			
大洋洲 Oceania	31	29	3			8
澳大利亚 Australia	27	27	1			8
新西兰 New Zealand	4	2	2			
港、澳、台地区 Hong Kong, Macao and Taiwan regions	216	148	66		2	45
香港 Hong Kong	41	32	3			6
澳门 Macao		4				
台湾 Taiwan	175	112	63		2	39

8.4 国际合作及与港、澳、台交流派出项目按类型分类(1999年)

Statistics of CAS Staff Sent Outside, by Type of Exchange: 1999

单位：人次 (person·time)

国家与地区 Country and region	按交流形式分类统计（人次）By type of exchange (person·time)					
	考察访问 Investigation and visit	合作研究 Joint research	国际会议 International conference	培训 Training	商务活动 Business activity	其他 Others
合计 Total	**2134**	**1803**	**2843**	**7**	**313**	**137**
亚洲 Asia	442	297	728	5	110	6
巴基斯坦 Pakistan	7	3	6			
朝鲜民主主义人民共和国 PDRK	10	1			2	
菲律宾 Philippines		1	8			
哈萨克斯坦 Kazakhstan	3		2			
韩国 Republic of Korea	58	21	121		15	
马来西亚 Malaysia	9	1	8			
缅甸 Myanmar			1			
蒙古国 Mongolia		3	8			
孟加拉 Bangladesh			3			
尼泊尔 Nepal		6	16			1
日本 Japan	269	227	319	4	37	5
斯里兰卡 Sri Lanka			2			
塔吉克斯坦 Takzhikistan	4		2			
泰国 Thailand	15	3	71	1	7	

续表 8.4

国家与地区 Country and region	按交流形式分类统计（人次） By type of exchange (person · time)					
	考察访问 Investigation and visit	合作研究 Joint research	国际会议 International conference	培训 Training	商务活动 Business activity	其他 Others
土耳其 Turkey			7			
新加坡 Singapore	54	21	82		34	
伊朗 Iran	1	1	4		13	
阿联酋 United Arab	4					
以色列 Israel	3	4	6			
印度 India	1	3	43			
印度尼西亚 Indonesia		1	7			
约旦 Jordan			1			
越南 Vietnam	4	1	11		2	
欧　洲 Europe	709	777	624	1	29	38
爱尔兰 Ireland			1			
奥地利 Austria	9	22	38			
白俄罗斯 Belarus	8		1			
保加利亚 Bulgaria			3			
比利时 Belgium	4	15	12			
冰岛 Iceland		1	1	1		
波兰 Poland	1	19	5			

国家与地区 Country and region	按交流形式分类统计（人次） By type of exchange (person • time)					
	考察访问 Investigation and visit	合作研究 Joint research	国际会议 International conference	培训 Training	商务活动 Business activity	其他 Others
丹麦 Denmark	4	7	10			
德国 Germany	296	210	112		25	5
俄罗斯 Russia	76	67	46		3	19
法国 France	127	100	69		1	6
芬兰 Finland	6	9	6			
格鲁吉亚 Georgia		2				
荷兰 Netherlands	30	30	63			2
捷克 Czech	2	4	7			
挪威 Norway	2	1	5			
葡萄牙 Portugal		9	2			
瑞典 Sweden	11	27	13			
瑞士 Switzerland	15	24	23			
斯洛伐克 Slovak		2	4			
西班牙 Spain	3	9	16			
乌克兰 Ukraine	8		1			
希腊 Greece	3	1	13			
匈牙利 Hungary	2	5	18			

国家与地区 Country and region	按交流形式分类统计（人次） By type of exchange (person • time)					
	考察访问 Investigation and visit	合作研究 Joint research	国际会议 International conference	培训 Training	商务活动 Business activity	其他 Others
意大利 Italy	40	75	59			2
英国 UK	62	138	96			4
非　洲 Africa	3		65		1	
埃及 Egypt			11			
津巴布韦 Zimbabwe			1			
马达加斯加 Madagascar			2			
马耳他 Malta			1			
摩洛哥 Morocco			1			
南非 South Africa	3		34			
塞内加尔 Senegal			9			
苏丹 Sudan					1	
坦桑尼亚 Tanzania			4			
突尼斯 Tunisia			2			
北美洲 North America	600	325	711	1	15	0
加拿大 Canada	89	31	75			
美国 USA	511	293	628	1	15	
墨西哥 Mexico		1	8			

国家与地区 Country and region	按交流形式分类统计（人次） By type of exchange (person · time)					
	考察访问 Investigation and visit	合作研究 Joint research	国际会议 International conference	培训 Training	商务活动 Business activity	其他 Others
南美洲 South America		1	20		2	
阿根廷 Argentina			6			
巴西 Brazil			10			
哥伦比亚 Colombia			1			
哥斯达黎加 Costa Rica			2			
秘鲁 Peru					2	
智利 Chile		1	1			
大洋洲 Oceania	76	39	64			
澳大利亚 Australia	72	39	60			
新西兰 New Zealand	4		4			
港、澳、台地区 Hong Kong，Macao and Taiwan regions	304	364	631		156	93
香港 Hong Kong	208	315	477		156	33
澳门 Macao	16	21	20			10
台湾 Taiwan	80	28	134			50

8.5 中国科学院与国外科研机构主要合作协议执行情况（1999年）

Main Agreements Between CAS and Its Foreign Counterparts：1999

单位：人次 (person · time)

协议名称 Agreements	派出 CAS staff sent abroad	邀请 Foreign visitors hosted by CAS
总计 **total**	**531**	**420**
亚非地区 Asia & Africa	126	150
1. 中国科学院和日本学术振兴会学术交流备忘录 Memorandum of Understanding Between the Japan Society for the Promotion of Science and the Chinese Academy of Sciences on Academic Exchange	58	23
2. 中国科学院和日本理化学研究所交流备忘录 Memorandum of Understanding Between the Japan Institute of Physical and Chemical Research and the Chinese Academy of Sciences on Scientific Exchange	4	5
3. 中国科学院与日本国日立制作所关于在信息处理领域建立合作关系的协议 Cooperative Agreement on Information Processing Between the Chinese Academy of Sciences and Japanese Hitachi Corporation	8	35
4. 中日政府间科学技术合作协议 Scientific Cooperative Agreement Between China and Japan	36	48
5. 中日产业技术交流协议 Exchanging Agreement on Industry Between China and Japan		
6. 中国科学院和韩国科学财团关于科技合作谅解的备忘录 Memorandum of Understanding for Scientific and Technological Cooperation Between the Korea Science and Engineering Foundation and the Chinese Academy of Sciences	2	3
7. 中国科学院与印度全国科学院关于科学技术合作的协定 Cooperative Agreement on Scientific and Technological Cooperation Between the Indian National Science Academy and the Chinese Academy of Sciences		
8. 中国科学院与蒙古国科学院科学合作协议 Agreement on Scientific Cooperation Between the Mongolian Academy of Sciences and the Chinese Academy of Sciences	2	25
9. 中国科学院和乌兹别克斯坦科学院科学合作协定 Agreement on Scientific Cooperation Between CAS and Uzbekistan Academy of Sciences	8	3
10. 中国科学院和朝鲜科学院科学交流与协作协议 Scientific Exchange and Cooperation Agreement Between the Chinese Academy of Sciences and the Academy of Sciences of D. P. R. Korea	8	8

续表 8.5

协议名称 Agreements	派出 CAS staff sent abroad	邀请 Foreign visitors hosted by CAS
中亚东欧地区 Middle-Asia & East-Europe	135	81
11. 中国科学院和俄罗斯科学院科学合作协议 Agreement on Scientific Cooperation Between the Russian Academy of Sciences and the Chinese Academy of Sciences	80	47
12. 中国科学院和乌克兰科学院科学合作协议 Agreement on Scientific Cooperation Between the Ukraine Academy of Sciences and the Chinese Academy of Sciences	3	2
13. 中国科学院和罗马尼亚科学院科学合作协议 Agreement on Scientific Cooperation Between the Romanian Academy of Sciences and the Chinese Academy of Sciences	5	2
14. 中国科学院和匈牙利科学院科学合作协议 Agreement on Scientific Cooperation Between the Hungarian Academy of Sciences and the Chinese Academy of Sciences	7	8
15. 中国科学院和波兰科学院科学合作协议 Agreement on Scientific Cooperation Between the Poland Academy of Sciences and the Chinese Academy of Sciences	10	12
16. 中国科学院和保加利亚科学院科学合作协议 Agreement on Scientific Cooperation Between the Bulgarian Academy of Sciences and the Chinese Academy of Sciences		1
17. 中国科学院和捷克共和国科学院科学合作协议 Agreement on Scientific Cooperation Between the Academy of Sciences of the Czech Republic and the Chinese Academy of Sciences	5	2
18. 中国科学院和斯洛伐克科学院科学合作协议 Agreement on Scientific Cooperation Between the Slovak Academy of Sciences and the Chinese Academy of Sciences	1	2
19. 中国科学院和哈萨克斯坦科学院科学合作协议 Agreement on Scientific Cooperation Between the Kazakhstan Academy of Sciences and the Chinese Academy of Sciences	15	5
20. 中国科学院和白俄罗斯科学院科学合作协议 Agreement on Scientific Cooperation Between the Academy of Sciences of Belarus and the Chinese Academy of Sciences	9	
西欧地区 Western Europe	222	154
21. 中国科学院和德国马克斯·普朗克科学促进学会合作协议 Cooperative Agreement Between the Max Planck Society of Germany and the Chinese Academy of Sciences	70	58

续表 8.5

协议名称 Agreements	派出 CAS staff sent abroad	邀请 Foreign visitors hosted by CAS
22. 中国科学院和德国夫朗和费应用研究促进学会科学技术合作协议 Cooperative Agreement Between the Fraunhofer Society of Germany and the Chinese Academy of Sciences	10	4
23. 中国科学院与德国辐射和健康研究交流备忘录 Memorandum of Scientific Cooperation and Exchange Between the Chinese Academy of Sciences and the Center of Radiation and Health Research of Germany	2	2
24. 中国科学院和法兰西学院科学院科学合作协议 Agreement on Scientific Cooperation Between the Chinese Academy of Sciences and the Academic des Sciences de e'Institut de France		
25. 中国科学院和法国国家科研中心科学技术合作协议 Agreement on Scientific and Technological Cooperation Between the French National Center for Scientific Research and the Chinese Academy of Sciences	26	27
26. 中国科学院和法国原子能总署科学合作协议 Agreement on Scientific Cooperation Between the French Commission of Atomic Energy and the Chinese Academy of Sciences	1	1
27. 中国科学院和法国国家健康与医学研究院关于在生命科学领域的合作协议 Cooperative Agreement Between the French National Institute of Health and Medical Research and the Chinese Academy of Sciences in the Field of Life Science	4	3
28. 中国科学院与英国伦敦皇家学会科学合作协议 Agreement on Scientific Cooperation Between the Royal Society of London and the Chinese Academy of Sciences	46	14
29. 中国科学院和瑞士自然科学院合作协议 Agreement on Scientific Cooperation Between the Chinese Academy of Sciences and the Swiss Academy of Sciences		4
30. 中国科学院和意大利国家研究委员会科学合作协议 Agreement on Scientific Cooperation Between the Italian National Research Council and the Chinese Academy of Sciences	10	7
31. 中国科学院和意大利国家原子核物理研究院科学合作会谈纪要 Agreement on Scientific Cooperation Between the Italian National Institute of Nuclear Physics and the Chinese Academy of Sciences	3	3
32. 中国科学院和瑞典皇家科学院科学合作协议 Agreement on Scientific Cooperation Between the Royal Swedish Academy of Sciences and the Chinese Academy of Sciences	5	7

续表 8.5

协议名称 Agreements	派出 CAS staff sent abroad	邀请 Foreign visitors hosted by CAS
33. 中国科学院和荷兰教育部科学合作备忘录 Memorandum of Understanding on Scientific Cooperation and Exchange Between the Netherlands Ministry of Education and Science and the Chinese Academy of Sciences	12	3
34. 中国科学院和比利时国家科学研究基金会合作协议 Agreement on Scientific Cooperation Between the Belgian National Foundation for Scientific Research and the Chinese Academy of Sciences	3	3
35. 中国科学院和芬兰科学院科学合作协议 Agreement on Scientific Cooperation Between the Academy of Finland and the Chinese Academy of Sciences	3	5
36. 中国科学院和丹麦研究院合作协议 Agreement on Scientific Cooperation Between the Danish Research Academy and the Chinese Academy of Sciences	3	
37. 中国科学院和奥地利科学院科学合作协议 Agreement on Scientific Cooperation Between the Austrian Academy of Sciences and the Chinese Academy of Sciences	9	5
38. 中国科学院和西班牙王国高等科学研究理事会科学合作协议 Agreement on Scientific Cooperation Between the Spanish Research Council for Advanced Sciences and the Chinese Academy of Sciences	2	1
39. 中国科学院和欧洲核子中心科学技术合作协议 Agreement on Scientific and Technological Cooperation Between the European Organization for Nuclear Research and the Chinese Academy of Sciences	13	7
美洲地区 America	28	20
40. 中国科学院和美国国家科学基金会基础科学合作议定书 Protocol Between the National Science Foundation of the United States of America and the Chinese Academy of Sciences	2	1
41. 中华人民共和国中国科学院和美利坚合众国国立卫生研究院基础生物医学科学合作谅解备忘录 Memorandum of Understanding Between the National Institute of Health of the United States of America and the Chinese Academy of Sciences of the People's Republic of China on Cooperation in the Basic Biomedical Sciences of China on Cooperation in the Basic Sciences		

续表 8.5

协议名称 Agreements	派出 CAS staff sent abroad	邀请 Foreign visitors hosted by CAS
42. 中华人民共和国中国科学院和美利坚合众国能源部在高能物理领域进行合作的执行协议 The Implementing Accord Between the Department of Energy of the United States of America and the Chinese Academy of Sciences of the People's Republic of China on Cooperation in the Field of High Energy Physics	26	19
大洋洲地区 Oceania	20	15
43. 中国科学院和澳大利亚科学院合作协议 Agreement on Scientific Cooperation Between the Australian Academy of Science and the Chinese Academy of Sciences	11	6
44. 中华人民共和国中国科学院和澳大利亚联邦科学与工业组织科学合作协议 Agreement on Scientific Cooperation Between the Commonwealth Scientific and Industrial Research Organization, Australia and the Chinese Academy of Sciences of the People's Republic of China	9	9

8.6 在国际组织任职人员情况（1999 年）

Statistics of CAS Professionals Holding Posts in Various International Organizations：1999

	人数 person		人数 person
一、在国际组织任职人员分布情况 International organizations in which CAS professionals hold posts	279	二、其中在国际组织担任重要职务情况 Of which，major posts held by CAS professionals	
第三世界科学院 The Third World Academy of Sciences（TWAS）	63	主席 President	13
国际天文学联盟 International Astronomical Union（IAU）	19	副主席 Vice President	16
国际山地综合开发中心 International Center for Integrated Mountain Development（ICIMOD）	5	常务理事 Executive Council Member	18
联合国教科文组织 United Nations Educational，Scientific and Cultural Organization（UNESCO）	8	国家代表 National Representative	15
国际自然与自然资源保护联盟 International Union for Conservation of Natural Resources（IUCN）	18	秘书长 Secretary-General	2
国际纯粹与应用化学联盟 International Union of Pure and Applied Chemistry（IUPAC）	9	三、任职人员职称情况 CAS professionals' academic titles	
国际纯粹与应用物理学联盟 International Union of Pure and Applied Physics（IUPAP）	5	院士 CAS Member	56
国际地圈生物圈计划 The International Geosphere Biosphere Program（IGBP）	7	研究员 Research Professor	198
国际科学联盟理事会 International Council of Scientific Unions（ICSU）	3	副研究员 Associate research Professor	35
国际第四纪研究联盟 International Union for Quaternary Research（INQUA）	11	助理研究员 Research associate	6
其他国际组织 Other International Organizations	131		

九、人才培养与引进

TALENT TRAINING AND RECRUITMENT

9.1 中国科学技术大学录取和毕业大学生情况

Enrollment and Graduation of Undergraduate Students in the University of Science and Technology of China

单位：人　　　　(person)

年份 Year	录取大学生 Total enrollment			毕业大学生 Total graduation		
	合计 Total	本科 Regular college courses	专科 Special college courses	合计 Total	本科 Regular college courses	专科 Special college courses
1978	999	999				
1979	3009	3009		869	799	70
1980	557	557		1451	1334	117
1981	568	568		108		108
1982	639	588	51	690	690	
1983	721	662	59	668	668	
1984	758	714	44	529	476	53
1985	835	777	58	593	534	59
1986	752	752		574	574	
1987	985	810	175	572	572	
1988	1054	774	280	850	638	212
1989	748	632	116	892	687	205
1990	860	695	165	1003	734	269
1991	970	776	194	820	683	137
1992	1291	865	426	987	821	166
1993	1870	1032	838	899	684	215
1994	1721	1084	637	869	493	376
1995	1621	1123	498	1502	611	891
1996	1759	1148	611	1494	867	627
1997	1448	1248	200	1366	886	480
1998	1583	996	587	1590	1450	140
1999	1980	1840	140	1181	984	197

9.2 录取研究生和授予学位情况

Total Enrollment of Graduate Students and Degrees Granted

单位：人 (person)

年份 Year	录取研究生 Total enrollment			授予学位 Total degrees granted		
	合计 Total	博士 Doctor's degree	硕士 Master's degree	合计 Total	博士 Doctor's degree	硕士 Master's degree
1955	50		50			
1956	249		249			
1957	20		20			
1960	66		66			
1961	118		118			
1962	198		198			
1963	193		193			
1964	238		238			
1965	155		155			
1978	1400		1400			
1979	351		351			
1980	193		193			
1981	1123	107	1016	974		974
1982	1329	42	1287	178		178
1983	1334	59	1275	205		205
1984	1772	253	1519	469		469
1985	2349	372	1977	1253	72	1181
1986	2314	392	1922	998	78	920
1987	2361	561	1800	1187	82	1105
1988	2325	513	1812	2255	189	2066
1989	1966	416	1550	2370	313	2057
1990	1883	488	1395	1662	226	1436
1991	1862	562	1300	1940	326	1614
1992	2197	702	1495	1580	278	1302
1993	2383	724	1659	1019	244	775
1994	3024	1180	1844	1529	413	1116
1995	3372	1466	1906	1693	518	1175
1996	3631	1603	2028	2179	689	1490
1997	3605	1605	2000	2516	849	1667
1998	3769	1720	2049	2391	1111	1280
1999	4287	1926	2361	2769	1213	1556

9.3 研究生招收培养及授予
Total Enrollment of Graduate Students

单位：人

招生单位 Institution	录取研究生 Enrollment in 1998			在学研究生 Total enrollment		
	合计 Total	博士 Ph. D.	硕士 MS	合计 Total	博士 Ph. D.	硕士 MS
总计 Total	**4287**	**1926**	**2361**	**11667**	**5252**	**6415**
北京市 Beijing	1490	768	722	4170	2139	2031
数学与系统科学研究院 Academy of Mathematics & System Sciences	82	49	33	246	153	93
数学研究所 Inst. of Mathematics	20	14	6	61	42	19
应用数学研究所 Inst. of Applied Mathematics	13	7	6	46	28	18
系统科学研究所 Inst. of Systems Science	32	20	12	92	58	34
计算数学与科学工程计算研究所 Inst. of Computational Mathematics and Scientific/Engineering Computing	17	8	9	47	25	22
物理研究所 Inst. of Physics	66	45	21	195	138	57
声学研究所 Inst. of Acoustics	44	18	26	130	52	78
理论物理研究所 Inst. of Theoretical Physics	17	9	8	49	28	21
低温技术实验中心 Cryogenic Laboratory	11	2	9	29	2	27
高能物理研究所 Inst. of High Energy Physics	42	17	25	134	65	69
北京天文台 Beijing Astronomical Observatory	13	5	8	38	22	16
力学研究所 Inst. of Mechanics	38	16	22	120	61	59
化学研究所 Inst. of Chemistry	98	56	42	257	137	120
感光化学研究所 Inst. of Photographic Chemistry	41	21	20	142	76	66
生态环境研究中心 Research Center for Eco-Environmental Sciences	43	25	18	116	65	51
化工冶金研究所 Inst. of Chemical Metallurgy	51	29	22	134	73	61

学位情况（1999 年）

and Degrees Granted：1999

(person)

授予博士学位 Doctor's degree			授予硕士学位 Master's degree		
合计 Total	理学 Natural sciences	工学 Engineering	合计 Total	理学 Natural sciences	工学 Engineering
1213	**987**	**226**	**1556**	**1169**	**387**
563	476	87	500	283	217
48	41	7	26	24	2
14	11	3	6	4	2
6	6		2	2	
24	20	4	11	11	
4	4		7	7	
39	39		12	12	
12	12		23	4	19
5	5		6	6	
			3		3
24	23	1	11	7	4
8	8		5	5	
18	5	13	16	12	4
44	44		34	34	
16	16		9	8	1
12	12		13	13	
11	11		22	2	20

招生单位 Institution	录取研究生 Enrollment in 1998			在学研究生 Total enrollment		
	合计 Total	博士 Ph. D.	硕士 MS	合计 Total	博士 Ph. D.	硕士 MS
地理研究所 Inst. of Geography	49	32	17	153	107	46
遥感应用研究所 Inst. of Remote Sensing Application	30	20	10	69	44	25
地质研究所 Inst. of Geology	53	41	12	150	123	27
地球物理研究所 Inst. of Geophysics	27	23	4	59	48	11
古脊椎动物与古人类研究所 Inst. of Vertebrate Paleontology and Paleoanthropology	4	2	2	13	7	6
大气物理研究所 Inst. of Atmospheric Physics	39	25	14	112	71	41
自然资源综合考察委员会 Commission for Integrated Surveys of Natural Resources	16	9	7	45	27	18
植物研究所 Inst. of Botany	47	29	18	124	75	49
动物研究所 Inst. of Zoology	38	27	11	101	68	33
心理研究所 Inst. of Psychology	28	15	13	88	44	44
微生物研究所 Inst. of Microbiology	49	27	22	129	64	65
生物物理研究所 Inst. of Biophysics	55	25	30	149	61	88
遗传研究所 Inst. of Genetics	35	21	14	93	54	39
发育生物学研究所 Inst. of Developmental Biology	13	8	5	36	21	15
计算技术研究所 Inst. of Computing Technology	87	39	48	250	123	127
计算机网络信息中心 Computer Network Information Center	6		6	11		11
软件研究所 Inst. of Software	80	29	51	229	71	158
半导体研究所 Inst. of Semiconductors	47	28	19	129	76	53
微电子中心 Microelectronics R&D Center	18	6	12	51	14	37

授予博士学位 Doctor's degree			授予硕士学位 Master's degree		
合计 Total	理学 Natural sciences	工学 Engineering	合计 Total	理学 Natural sciences	工学 Engineering
30	30		15	15	
15	15		8	8	
23	19	4	9	4	5
8	8		2	2	
1	1				
14	14		3	3	
11	11		6	6	
31	31		11	11	
19	19		8	8	
14	14		9	9	
15	15		17	17	
20	20		11	11	
21	21		13	13	
2	2		4	4	
32	32		57	8	49
20		20	36		36
19	4	15	12	3	9
			7		7

招生单位 Institution	录取研究生 Enrollment in 1998			在学研究生 Total enrollment		
	合计 Total	博士 Ph. D.	硕士 MS	合计 Total	博士 Ph. D.	硕士 MS
电子学研究所 Inst. of Electronics	31	11	20	88	29	59
自动化研究所 Inst. of Automation	68	28	40	172	52	120
电工研究所 Inst. of Electric Engineering	19	3	16	56	12	44
工程热物理研究所 Inst. of Engineering Thermophysics	19	9	10	51	22	29
空间科学与应用研究中心 Center for Space Science and Applied Research	14	1	13	38	7	31
遥感卫星地面站 Remote Sensing Satellite Ground Station	8		8	22		22
自然科学史研究所 Inst. of History of Natural Sciences	2		2	11	7	4
科技政策与管理科学研究所 Inst. of Science Policy and Management	10		10	24		24
中国科学技术大学研究生院 Graduate School of the University of Science and Technology of China	38	13	25	90	29	61
中国科学院文献情报中心 CAS Documentation and Information Center	11	5	6	31	11	20
北京科学仪器研制中心 Beijing R&D Center for Scientific Instruments	3		3	6		6
河北省 Hebei Province	8	3	5	19	7	12
石家庄农业现代化研究所 Shijiazhuang Inst. of Agricultural Modernization	3		3	9		9
渗流流体力学研究所 Inst. of Osmotic Mechanics	5	3	2	10	7	3
山西省 Shanxi Province	41	21	20	116	65	51
山西煤炭化学研究所 Shanxi Inst. of Coal Chemistry	41	21	20	116	65	51
辽宁省、山东省 Liaoning and Shandong provinces	337	180	157	908	458	450
大连化学物理研究所 Dalian Inst. of Chemical Physics	90	50	40	250	116	134
沈阳应用生态研究所 Shenyang Inst. of Applied Ecology	41	26	15	114	74	40

续表 9.3

授予博士学位 Doctor's degree			授予硕士学位 Master's degree		
合计 Total	理学 Natural sciences	工学 Engineering	合计 Total	理学 Natural sciences	工学 Engineering
6		6	15		15
13		13	40		40
1		1	1		1
4		4	7	7	
2	2		11	11	
			2	2	
2	2		1	1	
			6	6	
3		3	7	7	
			2		2
1	1		3	3	
			3	3	
1	1				
31	15	16	9	9	
31	15	16	9	9	
82	37	45	103	44	59
22	20	2	21	21	
			10	10	

招生单位 Institution	录取研究生 Enrollment in 1998			在学研究生 Total enrollment		
	合计 Total	博士 Ph. D.	硕士 MS	合计 Total	博士 Ph. D.	硕士 MS
沈阳计算技术研究所 Shenyang Inst. of Computing Technology	14		14	36		36
沈阳自动化研究所 Shenyang Inst. of Automation	40	15	25	86	26	60
金属研究所 Inst. of Metals Research	86	54	32	231	142	89
金属腐蚀与防护研究所 Inst. of Corrosion and Protection of Metals	18	10	8	48	27	21
海洋研究所 Inst. of Oceanology	48	25	23	143	73	70
吉林省 Jilin Province	212	106	106	569	290	279
长春物理研究所 Changchun Inst. of Physics	37	19	18	95	53	42
长春应用化学研究所 Changchun Inst. of Applied Chemistry	99	51	48	276	140	136
长春地理研究所 Changchun Inst. of Geography	25	13	12	64	34	30
长春光学精密机械研究所 Changchun Inst. of Optics and Fine Mechanics	51	23	28	134	63	71
上海市、福建省 Shanghai，Fujian Province	558	248	310	1546	722	824
上海原子核研究所 Shanghai Inst. of Nuclear Research	25	9	16	66	28	38
上海天文台 Shanghai Observatory	13	7	6	28	15	13
上海硅酸盐研究所 Shanghai Inst. of Ceramics	47	18	29	124	66	58
上海有机化学研究所 Shanghai Inst. of Organic Chemistry	67	27	40	190	74	116
上海植物生理研究所 Shanghai Inst. of Plant Physiology	36	17	19	102	48	54
上海昆虫研究所 Shanghai Inst. of Entomology	8	4	4	20	10	10
上海药物研究所 Shanghai Inst. of Materia Medica	51	25	26	128	64	64
上海生理研究所 Shanghai Inst. of Physiology	26	11	15	60	25	35

授予博士学位 Doctor's degree			授予硕士学位 Master's degree		
合计 Total	理学 Natural sciences	工学 Engineering	合计 Total	理学 Natural sciences	工学 Engineering
			9		9
			16		16
37		37	27		27
7	1	6	7		7
16	16		13	13	
49	34	15	48	41	7
15	15		6	6	
19	19		28	28	
			7	7	
15		15	7		7
168	125	43	146	102	44
9	9		7	7	
6	6		4	4	
21	21		9		9
3	3		28	18	10
13	13		4	4	
5	5		7	7	
18	18		15	15	
9	9		5	5	

招生单位 Institution	录取研究生 Enrollment in 1998			在学研究生 Total enrollment		
	合计 Total	博士 Ph. D.	硕士 MS	合计 Total	博士 Ph. D.	硕士 MS
上海生物化学研究所 Shanghai Inst. of Biochemistry	67	32	35	219	122	97
上海细胞生物学研究所 Shanghai Inst. of Cell Biology	29	11	18	99	44	55
上海脑研究所 Shanghai Inst. of Brain Research	20	10	10	51	29	22
上海生物工程研究中心 Shanghai Bioengineering Research Center	7		7	19		19
上海冶金研究所 Shanghai Inst. of Metallurgy	50	25	25	136	64	72
上海光学精密机械研究所 Shanghai Inst. of Optics and Fine Mechanics	49	24	25	143	75	68
上海技术物理研究所 Shanghai Inst. of Technical Physics	43	21	22	115	47	68
福建物质结构研究所 Fujian Inst. of Research on the Structure of Matter	20	7	13	46	11	35
江苏省 Jiangsu Province	61	32	29	161	95	66
紫金山天文台 Purple Mountain Observatory	5	2	3	21	14	7
南京地理与湖泊研究所 Nanjing Inst. of Geography and Limnology	17	9	8	42	27	15
南京地质古生物研究所 Nanjing Inst. of Geology and Palaeontology	10	6	4	25	17	8
南京土壤研究所 Nanjing Inst. of Soil Science	21	11	10	59	33	26
南京天文仪器研制中心 Nanjing R&D Center for Astronomical Instruments	8	4	4	14	4	10
安徽省 Anhui Province	931	305	626	2474	797	1677
固体物理研究所 Inst. of Solid State Physics	30	15	15	81	40	41
等离子体物理研究所 Inst. of Plasma Physics	38	17	21	116	51	65
合肥智能机械研究所 Hefei Inst. of Intelligent Machines	6		6	14		14
安徽光学精密机械研究所 Anhui Inst. of Optics and Fine Mechanics	54	25	29	145	67	78

续表 9.3

授予博士学位 Doctor's degree			授予硕士学位 Master's degree		
合计 Total	理学 Natural sciences	工学 Engineering	合计 Total	理学 Natural sciences	工学 Engineering
17	17		8	8	
6	6		9	9	
			5	5	
13		13	7	7	
27	13	14	10	4	6
16		16	19		19
5	5		9	9	
18	18		17	8	9
2	2		2	2	
6	6		4	4	
4	4		2	2	
6	6		3		3
			6		6
135	130	5	455	455	
10	10		5	5	
9	4	5	31	31	
			3	3	
12	12		21	21	

招生单位 Institution	录取研究生 Enrollment in 1998			在学研究生 Total enrollment		
	合计 Total	博士 Ph. D.	硕士 MS	合计 Total	博士 Ph. D.	硕士 MS
中国科学技术大学 University of Science and Technology of China	803	248	555	2118	639	1479
湖北省、湖南省 Hubei and Hunan provinces	126	50	76	312	147	165
武汉物理与数学研究所 Wuhan Inst. of Physics and Mathematics	24	12	12	30	30	
武汉岩土力学研究所 Wuhan Inst. of Rock and Soil Mechanics	19	11	8	51	33	18
测量与地球物理研究所 Inst. of Geodesy and Geophysics	10	2	8	47	14	33
武汉植物研究所 Wuhan Inst. of Botany	9		9	23		23
水生生物研究所 Inst. of Hydrobiology	41	20	21	103	56	47
武汉病毒研究所 Wuhan Inst. of Virology	14		14	37		37
长沙大地构造研究所 Changsha Inst. of Geotectonics	9	5	4	21	14	7
广东省 Guangdong Province	77	28	49	184	66	118
广州化学研究所 Guangzhou Inst. of Chemistry	13		13	35		35
广州地球化学研究所 Guangzhou Inst. of Geochemistry	18	11	7	45	30	15
南海海洋研究所 South China Sea Inst. of Oceanology	16	6	10	38	10	28
华南植物研究所 South China Inst. of Botany	23	11	12	53	26	27
广州能源研究所 Guangzhou Inst. of Energy Conversion	7		7	13		13
四川省 Sichuan Province	99	36	63	262	67	195
成都有机化学研究所 Chengdu Inst. of Organic Chemistry	35	18	17	89	36	53
成都山地灾害与环境研究所 Chengdu Inst. of Mountain Hazards and Environment	8	2	6	17	2	15
成都生物研究所 Chengdu Inst. of Biology	12		12	35		35

续表 9.3

授予博士学位 Doctor's degree			授予硕士学位 Master's degree		
合计 Total	理学 Natural sciences	工学 Engineering	合计 Total	理学 Natural sciences	工学 Engineering
104	104		395	395	
28	22	6	44	36	8
5	5		7	7	
5		5	6		6
5	4	1	4	2	2
			6	6	
11	11		9	9	
			11	11	
2	2		1	1	
14	14		32	28	4
			11	11	
8	8		1	1	
2	2		8	8	
4	4		4	4	
			8	4	4
			55	32	23
			16	15	1
			4	4	
			12	12	

招生单位 Institution	录取研究生 Enrollment in 1998			在学研究生 Total enrollment		
	合计 Total	博士 Ph. D.	硕士 MS	合计 Total	博士 Ph. D.	硕士 MS
成都计算机应用研究所 Chengdu Inst. of Computer Application	19	8	11	41	8	33
光电技术研究所 Inst. of Optics and Electronics	25	8	17	80	21	59
云南省、贵州省 Yunnan and Guizhou provinces	107	52	55	290	137	153
云南天文台 Yunnan Observatory	10	5	5	31	20	11
昆明植物研究所 Kunming Inst. of Botany	34	19	15	102	48	54
西双版纳热带植物园 Xishuangbanna Tropical Botanical Garden	7		7	14		14
昆明动物研究所 Kunming Inst. of Zoology	25	12	13	66	33	33
贵阳地球化学研究所 Guiyang Inst. of Geochemistry	31	16	15	77	36	41
陕西省 Shaanxi Province	64	28	36	165	72	93
陕西天文台 Shaanxi Observatory	5	2	3	12	5	7
水土保持研究所 Inst. of Soil and Water Conservation	21	12	9	58	27	31
西安光学精密机械研究所 Xi'an Inst. of Optics and Fine Mechanics	30	10	20	75	30	45
西安黄土与第四纪地质研究室 Xi'an Laboratory of Loess and Quaternary Geology	8	4	4	20	10	10
甘肃省、青海省 Gansu and Qinghai provinces	153	69	84	431	190	241
近代物理研究所 Inst. of Modern Physics	29	9	20	100	33	67
兰州化学物理研究所 Lanzhou Inst. of Chemical Physics	54	32	22	141	76	65
寒区旱区环境与工程研究所 Cold and Arid Regions Environmental and Engineering Research Institute, CAS	40	21	19	115	62	53
兰州冰川冻土研究所 Lanzhou Inst. of Glaciology and Geocryology	14	8	6	39	24	15
兰州沙漠研究所 Lanzhou Inst. of Desert Research	13	7	6	42	24	18

续表 9.3

授予博士学位 Doctor's degree			授予硕士学位 Master's degree		
合计 Total	理学 Natural sciences	工学 Engineering	合计 Total	理学 Natural sciences	工学 Engineering
			9	1	8
			14		14
30	30		37	37	
2	2		6	6	
14	14		13	13	
			2	2	
3	3		3	3	
11	11		13	13	
27	24	3	27	11	16
2	2		2	2	
5	5		9	3	6
17	14	3	15	5	10
3	3		1	1	
67	61	6	67	67	
17	11	6	28	28	
26	26		14	14	
17	17		10	10	
5	5		3	3	
4	4		7	7	

招 生 单 位 Institution	录取研究生 Enrollment in 1998			在学研究生 Total enrollment		
	合计 Total	博士 Ph. D.	硕士 MS	合计 Total	博士 Ph. D.	硕士 MS
兰州高原大气物理研究所 Lanzhou Inst. of Plateau Atmospheric Physics	13	6	7	34	14	20
兰州地质研究所 Lanzhou Inst. of Geology	10	4	6	25	10	15
青海盐湖研究所 Qinghai Inst. of Saline Lakes	6		6	19		19
西北高原生物研究所 Northwest Inst. of Plateau Biology	14	3	11	31	9	22
新疆维吾尔自治区 Xinjiang Uygur Autonomous Region	23		23	60		60
新疆物理研究所 Xinjiang Inst. of Physics	5		5	12		12
乌鲁木齐天文工作站 Ürümqi Astronomic Working Station						
新疆化学研究所 Xinjiang Inst. of Chemistry	6		6	16		16
新疆生态与地理研究所 Xinjiang Inst. of Ecology and Geography	12		12	32		32

续表 9.3

授予博士学位 Doctor's degree			授予硕士学位 Master's degree		
合计 Total	理学 Natural sciences	工学 Engineering	合计 Total	理学 Natural sciences	工学 Engineering
8	8				
3	3		3	3	
			9	9	
4	4		3	3	
			13	13	
			4	4	
			2	2	
			7	7	

9.4 中国科学院院长奖学金获奖情况

Statistics of CAS President's Scholarship

单位：人 (person)

年份 Year	获特别奖人数 Number of special awards	获优秀奖人数 Number of excellence awards
1989	8	136
1990	10	145
1991	10	142
1992	9	154
1993	10	154
1994	15	151
1995	16	152
1996	20	150
1997	20	149
1998	20	150
1999	20	150

9.5 博士后流动站情况（1999年）

Post-Doctoral Researcher Centers：1999

单位：人 (person)

建站单位 Institutions	在站人数 Current total	进站人数 Total employed	获国外博士学位人数 Those who received their doctor's degrees abroad	出站人数 Those who have left
总计 **Total**	**956**	**474**	**11**	**355**
北京市 Beijing	515	248	4	210
数学与系统科学研究所 Academey of Mathematics & System Sciences	46	28	1	18
物理研究所 Inst. of Physics	47	23		26
声学研究所 Inst. of Acoustics	23	9		4
理论物理研究所 Inst. of Theoretical Physics	16	7		10
高能物理研究所 Inst. of High Energy Physics	28	10	2	12
北京天文台 Beijing Astronomical Observatory	13	5		2
力学研究所 Inst. of Mechanics	32	12		9
化学研究所 Inst. of Chemistry	38	23		15
感光化学研究所 Inst. of Photographic Chemistry	10	2		4
生态环境研究中心 Research Center for Eco-Environmental Sciences	18	5		7
化工冶金研究所 Inst. of Chemical Metallurgy	16	7		3
地理研究所 Inst. of Geography	16	10		3
自然资源综合考察委员会 Commission for Integrated Surveys of Natural Resources	1	1		
遥感应用研究所 Inst. of Remote Sensing Application	16	11		9

建站单位 Institutions	在站人数 Current total	进站人数 Total employed	获国外博士学位人数 Those who received their doctor's degrees abroad	出站人数 Those who have left
地质研究所 Inst. of Geology	18	6		6
地球物理研究所 Inst. of Geophysics	10	4		3
古脊椎动物与古人类研究所 Inst. of Vertebrate Paleontology and Paleoanthropology	1	1		1
大气物理研究所 Inst. of Atmospheric Physics	25	11		12
植物研究所 Inst. of Botany	22	12		10
动物研究所 Inst. of Zoology	8	3		2
心理研究所 Inst. of Psychology	4	3		4
微生物研究所 Inst. of Microbiology	6	3		3
生物物理研究所 Inst. of Biophysics	5	2		3
遗传研究所 Inst. of Genetics	14	7		5
计算技术研究所 Inst. of Computing Technology	10	7		3
软件研究所 Inst. of Software	17	7		9
半导体研究所 Inst. of Semiconductors	15	8		7
电子学研究所 Inst. of Electronics	1	1		
自动化研究所 Inst. of Automation	30	15	1	16
工程热物理研究所 Inst. of Engineering Thermophysics	3	3		3
空间科学与应用研究中心 Center for Space Science and Applied Research	5	2		1

建站单位 Institutions	在站人数 Current total	进站人数 Total employed	获国外博士学位人数 Those who received their doctor's degrees abroad	出站人数 Those who have left
中国高等科技中心 China Center of Advanced Science & Technology	1	1		
山西省 Shanxi Province	2	1		1
山西煤炭化学研究所 Shanxi Inst. of Coal Chemistry	2	1		1
辽宁省、山东省 Liaoning and Shandong provinces	83	43	2	20
大连化学物理研究所 Dalian Inst. of Chemical Physics	35	24	2	5
沈阳应用生态研究所 Shenyang Inst. of Applied Ecology	5	0		3
沈阳自动化研究所 Shenyang Inst. of Automation	1	1		
金属研究所 Inst. of Metals Research	29	14		7
金属腐蚀与防护研究所 Inst. of Corrosion and Protection of Metals				
海洋研究所 Inst. of Oceanology	14	5		5
吉林省 Jilin Province	33	22	1	12
长春应用化学研究所 Changchun Inst. of Applied Chemistry	14	8		9
长春光学精密机械研究所 Changchun Inst. of Optics and Fine Mechanics	19	14	1	3
上海市、福建省 Shanghai，Fujian Province	141	65	1	44
上海原子核研究所 Shanghai Inst. of Nuclear Research	7	4		1
上海天文台 Shanghai Observatory	1	1		1
上海硅酸盐研究所 Shanghai Inst. of Ceramics	14	6		3
上海有机化学研究所 Shanghai Inst. of Organic Chemistry	36	15		9

续表 9.5

建 站 单 位 Institutions	在站人数 Current total	进站人数 Total employed	获国外博士学位人数 Those who received their doctor's degrees abroad	出站人数 Those who have left
上海植物生理研究所 Shanghai Inst. of Plant Physiology	7	4		5
上海药物研究所 Shanghai Inst. of Materia Medica	13	7		4
上海生理研究所 Shanghai Inst. of Physiology	6	3		2
上海生物化学研究所 Shanghai Inst. of Biochemistry	5	2		1
上海细胞生物学研究所 Shanghai Inst. of Cell Biology	13	3		5
上海脑研究所 Shanghai Inst. of Brain Research	10	5		3
上海冶金研究所 Shanghai Inst. of Metallurgy	7	5		4
上海光学精密机械研究所 Shanghai Inst. of Optics and Fine Mechanics	11	4	1	2
上海技术物理研究所 Shanghai Inst. of Technical Physics	7	4		2
福建物质结构研究所 Fujian Inst. of Research on the Structure of Matter	4	2		2
江苏省 Jiangsu Province	30	17	2	4
紫金山天文台 Purple Mountain Observatory	4	3	1	1
南京地理与湖泊研究所 Nanjing Inst. of Geography and Limnology	2	1	1	0
南京地质古生物研究所 Nanjing Inst. of Geology and Palaeontology	4	2		1
南京土壤研究所 Nanjing Inst. of Soil Science	20	11		2
安徽省 Anhui Province	56	29	1	26
固体物理研究所 Inst. of Solid State Physics	5	2		2

建 站 单 位 Institutions	在站人数 Current total	进站人数 Total employed	获国外博士学位人数 Those who received their doctor's degrees abroad	出站人数 Those who have left
等离子体物理研究所 Inst. of Plasma Physics	5	3		4
安徽光学精密机械研究所 Anhui Inst. of Optics and Fine Mechanics	2	1		1
中国科学技术大学 University of Science and Technology of China	44	23	1	19
湖北省 Hubei Province	13	6		8
武汉物理与数学研究所 Wuhan Inst. of Physics and Mathematics	7	4		5
水生生物研究所 Inst. of Hydrobiology	4	2		3
测量与地球物理研究所 Inst. of Geodesy and Geophysics	1			
武汉岩土力学研究所 Wuhan Inst. of Rock and Soil Mechanics	1			
广东省 Guangdong Province	16	7		9
广州地球化学研究所 Guangzhou Inst. of Geochemistry	16	7		9
四川省 Sichuan Province	2	2		
成都有机化学研究所 Chengdu Inst. of Organic Chemistry	1	1		
光电技术研究所 Inst. of Optics and Electronics	1	1		
云南省、贵州省 Yunnan and Guizhou provinces	27	15		12
云南天文台 Yunnan Observatory	1	1		1
贵阳地球化学研究所 Guiyang Inst. of Geochemistry	21	10		8
昆明植物研究所 Kunming Inst. of Botany	1	1		
昆明动物研究所 Kunming Inst. of Zoology	4	3		3

续表 9.5

建站单位 Institutions	在站人数 Current total	进站人数 Total employed	获国外博士学位人数 Those who received their doctor's degrees abroad	出站人数 Those who have left
陕西省 Shaanxi Province	5	2		3
西安光学精密机械研究所 Xi'an Inst. of Optics and Fine Mechanics	4	2		3
水土保持研究所 Inst. of Soil and Water Conservation	1			
甘肃省、青海省 Gansu and Qinghai provinces	19	10		3
近代物理研究所 Inst. of Modern Physics	3	2		1
兰州化学物理研究所 Lanzhou Inst. of Chemical Physics	3	1		1
兰州寒区旱区环境工程研究所 Cold and Arid Regions Environmental and Engineering Research Institute, CAS	12	6		0
西北高原生物研究所 Northwest Inst. of Plateau Biology	1	1		1
非建站单位 Institutions without post-doctoral centers	13	6		3
低温技术实验中心 Cryogenic Laboratory				
中国科学技术大学研究生院（北京） Graduate School of the University of Science and Technology of China	12	5		3
发育生物学研究所 Inst. of Developmental Biology	1	1		

注：1999年底共有80个设站单位，102个设站学科。

Note：By the end of 1999，post-doctoral centers were set up in 80 CAS institutions in 102 academic disciplines.

9.6 派往国外及香港地区留学人员情况

Statistics of Students and Visiting Scholars Sent Abroad and to Hong Kong Region

单位：人 (person)

年份 Year	派出总人数 Total	访问学者 Visiting scholars	研究生 Graduate students	回国人数 Number of people returned
1979	588	489	99	408
1980	651	520	131	517
1981	725	566	159	536
1982	520	395	125	186
1983	559	389	170	36
1984	435	325	110	549
1985	779	555	224	302
1986	919	504	415	317
1987	710	420	290	295
1988	591	373	218	214
1989	410	355	55	199
1990	360	325	35	70
1991	326	313	13	113
1992	389	366	23	226
1993	373	346	27	230
1994	409	378	31	347
1995	415	369	46	322
1996	357	308	49	293
1997	361	331	30	308
1998	432	383	49	543
1999	378	340	38	464

9.7 派往国外及香港地区留学人员情况（1999年）

Statistics of Students and Visiting Scholars Sent Abroad and to Hong Kong Region：1999

单位：人 (person)

派往国家和地区 Country and region	当年派出人数 Number of people sent abroad			年龄 Age group			研究课题性质 Field of study		
	合计 Total	其中 Of which 访问学者 Visiting scholars	研究生 Graduate students	30岁以下 Under 30	30～40岁 30～40	40岁以上 Over 40	基础 Basic	应用 Applied	其他 Others
总计 Total	**378**	**340**	**38**	**88**	**198**	**92**	**245**	**95**	**38**
美国 USA	123	123	0	19	64	40	77	27	19
加拿大 Canada	29	29	0	2	15	12	14	13	2
英国 UK	42	42	0	2	28	12	29	9	4
法国 France	13	13	0	3	5	5	12	0	1
德国 Germany	28	27	0	8	13	7	21	6	1
日本 Japan	20	20	0	3	16	1	14	4	2
澳大利亚 Australia	12	12	0	2	6	4	10	1	1
奥地利 Austria	1	1	0	0	0	1	0	1	0
丹麦 Denmark	2	2	0	0	2	0	1	1	0
芬兰 Finland	1	1	0	0	1	0	1	0	0
荷兰 Netherlands	8	8	0	0	5	3	7	0	1

派往国家和地区 Country and region	当年派出人数 Number of people sent abroad			年龄 Age group			研究课题性质 Field of study		
	合计 Total	其中 Of which 访问学者 Visiting scholars	其中 Of which 研究生 Graduate students	30 岁以下 Under 30	30～40 岁 30～40	40 岁以上 Over 40	基础 Basic	应用 Applied	其他 Others
瑞典 Sweden	4	4	0	1	2	1	2	2	0
瑞士 Switzerland	6	6	0	1	4	1	5	0	1
意大利 Italy	4	4	0	1	1	2	4	0	0
新加坡 Singapore	5	5	0	1	3	1	3	2	0
香港 Hong Kong	70	35	35	41	28	1	38	27	5
韩国 Republic of Korea	3	3	0	0	2	1	1	1	1
其他 Others	7	5	3	4	3	0	6	1	0

9.8 职工继续教育和社会

Statistics of Staff Continued Training and Personnel

单位：人次

单位 Unit	合计 Total	技能培训 Skill training		科技知识 S&T knowledge		
		外语 Foreign language	计算机 Computer	专业技术高级研讨班 S&T seminar	学术会议科技讲座 Lecture & conference	国内地区进修 Inland advanced study
总计 Total	**67273**	**1790**	**3775**	**5516**	**32371**	**533**
一、地区培训 By region	55561	1690	3481	5441	24045	510
北京地区 Beijing region	13614	169	1070	2252	6999	256
沈阳地区 Shenyang region	4665	445	573	1129	1571	26
武汉地区 Wuhan region	3073	120	35	396	2052	9
广州地区 Guangzhou region	2549	119	173	45	983	28
长春地区 Changchun region	3511	127	128	159	1556	3
成都地区 Chengdu region	2165	105	179	134	693	4
兰州地区 Lanzhou region	1835	228	176	200	368	40
西安地区 Xi'an region	664	32	23	14	187	15
合肥地区 Hefei region	1115	32	66	10	516	3
南京地区 Nanjing region	3403	38	180	447	1276	1
昆明地区 Kunming region	2001	10	3	89	1604	13
上海地区 Shanghai region	7794	218	609	392	5037	6

培训情况（1999 年）

Trained for the Society：1999

（person · times）

技术岗位培训 Technical training		管理培训 Management training	学历教育 Schooling education			为社会培训 Trained for the society	境外培训 Oversea training	其他培训 Other training
实验人员 Laboratory assistant	技术工人 Technical workers		成人高教 Adult higher education	中专、技校 Specialized secondary technical school	攻读研究生课程 Graduate student course study			
1337	**2165**	**3237**	**830**	**507**	**846**	**11620**	**453**	**2293**
463	499	499			202	666	71	468
8	147	239			86	277	68	96
5	18	161			49	2	89	137
37	45	365			51	555	25	123
252	150	699			17	36	57	327
25	426	365			43		16	175
19	23	40			40	645	8	48
7	140	16			67	150	12	1
105	106	145			9		1	122
22	48	63			57	1130	8	133
7	12	29			32	72	16	114
342	246	419			59	83	74	309

单　位 Unit	总　计 Total	技　能　培　训 Skill training		科技知识 S&T knowledge		
		外语 Foreign language	计算机 Computer	专业技术高级研讨班 S&T seminar	学术会议科技讲座 Lecture & conference	国内地区进修 Inland advanced study
新疆地区 Xinjiang region	480	6	23	51	127	84
其他地区 Other regions	8692	41	243	123	1076	22
二、院校培训	11712	100	294	75	8326	23
管理干部学院 Beijing Inst. of Management	887					
中国科技大学 University of Science and Technology of China	6390	80	254	43	5029	1
成都分院职工大学 College for Staff Training, Chengdu Branch	180					
合肥科学技术学校 Hefei Science and Technology School	270					
中国科技大学研究生院 Graduate School of the University of Science and Technology of China	3985	20	40	32	3297	22

续表 9.8

技术岗位培训 Technical training		管理培训 Management training	学历教育 Schooling education			为社会培训 Trained for the society	境外培训 Oversea training	其他培训 Other training
实验人员 Laboratory assistant	技术工人 Technical workers		成人高教 Adult higher education	中专、技校 Specialized secondary technical school	攻读研究生课程 Graduate student course study			
0	5	70			41	0	3	70
5	70	43			44	7018	4	3
			650	237				
40	220	82			45	429		167
			180					
				270				
0	10	2			4	557	1	0

9.9 获青年科学家

Statistics of Young

年份 Year	等级 Awards	总计 Total	性别 Sex 男 Male	性别 Sex 女 Female	年龄 Age 平均年龄 Average age	年龄 Age 30岁以下 Under 30	年龄 Age 31～35岁 31～35	年龄 Age 36～40岁 36～40
1989	全部获奖者 Total winners	21	21		33	6	10	5
	一等奖 First prize	4	4		41.75			4
	二等奖 Second prize	17	17		31	6	10	1
1991	全部获奖者 Total winners	25	23	2	31.6	11	11	3
	一等奖 First prize	5	5		34.6	2		3
	二等奖 Second prize	20	18	2	30.8	9	11	
1993	全部获奖者 Total winners	40	39	1	32	14	22	4
	一等奖 First prize	10	10		34.4	1	5	4
	二等奖 Second prize	30	29	1	31.3	13	17	
1995	全部获奖者 Total winners	40	38	2	33	7	30	3
	一等奖 First prize	10	10		34	1	6	3
	二等奖 Second prize	30	28	2	2	2	6	24
1997	全部获奖者 Total winners	41	39	2	33	5	30	6
	一等奖 First prize	11	11	0	36	0	5	6
	二等奖 Second prize	30	28	2	32	5	25	0
1999	全部获奖者 Total winners	40	37	3	33	1	35	4
	一等奖 First prize	10	10	0	35	0	6	4
	二等奖 Second prize	30	27	3	33	1	29	0

注：中国科学青年科学家奖每二年评选一次。

Note：The appraisal of the Young Scientist Award is conducted every two years.

奖人员情况

Scientist Award Winners

学位 Academic degrees			职称 Professional posts		发表论文（篇） Papers published (article)	获奖情况 Awards	
国内 Granted domestically		国外 Granted abroad	研究员 Full research fellow	副研究员 Associate research fellow		国家级 At the State level	省部院级 At the provincial, ministerial and CAS level
博士 Ph. D.	硕士 MS	博士 Ph. D.					
9	9	3	4	17	344	5	8
2		2	4		130	2	3
7	9	1		17	214	3	5
13	8	3	2	23	643	1	11
3	2		2	3	139	1	1
10	6	3		20	504		10
31	5	3	13	27	1159	6	32
9		1	10		355	1	9
22	5	2	3	27	804	5	23
27	9	4	20	20	1582	9	35
8	2		7	3	359	8	9
19	7	4	13	17	1223	1	26
20	16	5	20	21	1237	13	50
8	2	1	6	5	403	6	8
12	14	4	14	16	834	7	42
24	6	7	27	11	1498	13	39
6	2	0	9	1	379	7	11
18	4	7	18	10	1119	6	28

9.10 有突出贡献的专家人数

Statistics of Professionals with Outstanding Contributions

年份 Year	1984	1986	1988	1990	1992	1994	1996	1998
国家级 At the State level	60	51	65	35	30	21	20	19
院级 At CAS level				30	30	30	30	30

9.11 中国科学院"百人计划"招聘情况

Young Scholars Selected into CAS Hundred Talents Program

年份 Year	招聘人数 Number of scholar selected	平均年龄 Average age	入选者来源 Source of scholars				性 别 Sex	
			国外 From abroad	院外 From outside CAS	院内 From CAS		男 Male	女 Female
					所外 From outside the institute	所内 From the institute		
1994	13	35	4	1		8	13	
1995	17	34	7	1	3	6	17	
1996	21	36	12	3	1	5	21	
1997	73	34.5	23	16	5	29	68	5
1998	91	35.4	83	8			87	4
1999	114	36.9	104	10			108	6

注：1. 入选者全部为博士学位获得者。

Note: Scholars selected are all doctor's degree holders.

2. 根据中科院"百人计划"管理办法，对不能履行《"百人计划"管理合同书》的人选，院将取消其入选资格。此表中对1994年—1998年招聘人员情况进行了修改，核减了历年来被取消"百人计划"入选者资格的人数。

According to the Managerial method of CAS hundred Talents program, CAS will disqualify those who fail to carry out the hundred Talents contract. The statistics of the recruitment from 1994 to 1998 in this table has been revised and the number of disqualified person over the years in the hundred Talents program is approved as well.

9.12 中国科学院“百人计划”各单位招聘情况

Young Scholars Selected into CAS Hundred Talents Program，by Institution

单位 Unit	1994年	1995年	1996年	1997年	1998年	1999年
总 计 Total	**13**	**17**	**21**	**73**	**91**	**114**
北京市 Beijing	6	7	10	28	47	48
数学与系统科学研究院 Academy of Mathematics & System Sciences		1	2	2	3	8
数学研究所 Inst. of Mathematics		1			1	2
应用数学研究所 Inst. of Applied Mathematics			1			2
系统科学研究所 Inst. of Systems Science			1	1		3
计算数学与科学工程计算研究所 Inst. of Computational Mathematics and Scientific/Engineering Computing				1	2	1
物理研究所 Inst. of Physics	1		1		5	6
声学研究所 Inst. of Acoustics		1				1
理论物理研究所 Inst. of Theoretical Physics				2	2	3
低温技术实验中心 Cryogenic Laboratory					3	
高能物理研究所 Inst. of High Energy Physics		1		2	1	3
北京天文台 Beijing Astronomical Observatory	1			2		
力学研究所 Inst. of Mechanics				2	3	2
化学研究所 Inst. of Chemistry				1	5	
感光化学研究所 Inst. of Photographic Chemistry				2	1	2

单位 Unit	1994 年	1995 年	1996 年	1997 年	1998 年	1999 年
生态环境研究中心 Research Center for Eco-Environmental Sciences				2	2	2
化工冶金研究所 Inst. of Chemical Metallurgy			1	1		
地理研究所 Inst. of Geography				1		
遥感应用研究所 Inst. of Remote Sensing Application			1	1		1
地质研究所 Inst. of Geology			1	1		
地球物理研究所 Inst. of Geophysics	2		1	1	1	2
古脊椎动物与古人类研究所 Inst. of Vertebrate Paleontology and Paleoanthropology					1	1
大气物理研究所 Inst. of Atmospheric Physics		2			1	1
自然资源综合考察委员会 Commission for Integrated Surveys of Natural Resources					1	
植物研究所 Inst. of Botany	1			1	3	
动物研究所 Inst. of Zoology		2		1	3	2
心理研究所 Inst. of Psychology						1
微生物研究所 Inst. of Microbiology	1			1	1	2
生物物理研究所 Inst. of Biophysics						1
遗传研究所 Inst. of Genetics				2	2	2
发育生物学研究所 Inst. of Developmental Biology					1	

续表 9.12

单位 Unit	1994 年	1995 年	1996 年	1997 年	1998 年	1999 年
计算技术研究所 Inst. of Computing Technology			1		1	
软件研究所 Inst. of Software				1	2	
半导体研究所 Inst. of Semiconductors				1	1	3
微电子中心 Microelectronics R&D Center						1
电子学研究所 Inst. of Electronics						1
自动化研究所 Inst. of Automation			1		2	1
电工研究所 Inst. of Electric Engineering						1
工程热物理研究所 Inst. of Engineering Thermophysics			1	1	1	
空间科学与应用研究中心 Center for Space Science and Applied Research						1
中国科学技术大学研究生院 Graduate School of the University of Science and Technology of China					1	
山西省 Shanxi Province	1			1	1	1
山西煤炭化学研究所 Shanxi Inst. of Coal Chemistry	1			1	1	1
辽宁省、山东省 Liaoning and Shandong provinces		3	2	5	2	10
大连化学物理研究所 Dalian Inst. of Chemical Physics		1	1			4
沈阳应用生态研究所 Shenyang Inst. of Applied Ecology				2	1	1
沈阳自动化研究所 Shenyang Inst. of Automation				1		1
金属研究所 Inst. of Metals Research		1		1	1	3

单位 Unit	1994 年	1995 年	1996 年	1997 年	1998 年	1999 年
金属腐蚀与防护研究所 Inst. of Corrosion and Protection of Metals				1		
海洋研究所 Inst. of Oceanology		1	1			1
吉林省 Jilin Province	1		1	3	2	4
长春应用化学研究所 Changchun Inst. of Applied Chemistry			1	1		2
长春地理研究所 Changchun Inst. of Geography				1	1	1
长春光学精密机械研究所 Changchun Inst. of Optics and Fine Mechanics	1			1	1	1
上海市、福建省 Shanghai，Fujian Province	3	1	2	13	12	24
上海天文台 Shanghai Observatory			1		1	
上海硅酸盐研究所 Shanghai Inst. of Ceramics	1				1	2
上海有机化学研究所 Shanghai Inst. of Organic Chemistry	1			1	1	6
上海植物生理研究所 Shanghai Inst. of Plant Physiology				2	1	
上海药物研究所 Shanghai Inst. of Materia Medica			1			4
上海生理研究所 Shanghai Inst. of Physiology				1		
上海生物化学研究所 Shanghai Inst. of Biochemistry		1		1		2
上海细胞生物学研究所 Shanghai Inst. of Cell Biology				2		2
上海脑研究所 Shanghai Inst. of Brain Research					1	2

续表 9.12

单位 Unit	1994 年	1995 年	1996 年	1997 年	1998 年	1999 年
上海生物工程研究中心 Shanghai Bioengineering Research Center				1		
上海冶金研究所 Shanghai Inst. of Metallurgy				1	3	2
上海光学精密机械研究所 Shanghai Inst. of Optics and Fine Mechanics	1			2	1	4
上海技术物理研究所 Shanghai Inst. of Technical Physics				2	1	
福建物质结构研究所 Fujian Inst. of Research on the Structure of Matter					2	
江苏省 Jiangsu Province		1		3	3	2
紫金山天文台 Purple Mountain Observatory				1	1	
南京地理与湖泊研究所 Nanjing Inst. of Geography and Limnology				1		
南京地质古生物研究所 Nanjing Inst. of Geology and Palaeontology		1			1	2
南京土壤研究所 Nanjing Inst. of Soil Science				1	1	
安徽省 Anhui Province	1		3	1	8	9
固体物理研究所 Inst. of Solid State Physics						1
等离子体物理研究所 Inst. of Plasma Physics			2			
安徽光学精密机械研究所 Anhui Inst. of Optics and Fine Mechanics				1	1	
中国科学技术大学 University of Science and Technology of China	1		1		7	8

续表 9.12

单位 Unit	1994 年	1995 年	1996 年	1997 年	1998 年	1999 年
湖北省、湖南省 Hubei and Hunan provinces		2	1	3	4	4
武汉物理与数学研究所 Wuhan Inst. of Physics and Mathematics		2		1	1	1
武汉岩土力学研究所 Wuhan Inst. of Rock and Soil Mechanics				1		
武汉植物研究所 Wuhan Inst. of Botany					1	
水生生物研究所 Inst. of Hydrobiology			1	1	1	1
武汉病毒研究所 Wuhan Inst. of Virology					1	1
长沙农业现代化研究所 Changsha Inst. of Agricultural Modernization						1
广东省 Guangdong Province		1	1	1	3	2
广州化学研究所 Guangzhou Inst. of Chemistry					1	
广州地球化学研究所 Guangzhou Inst. of Geochemistry			1	1		
南海海洋研究所 South China Sea Inst. of Oceanology					1	2
广州能源研究所 Guangzhou Inst. of Energy Conversion		1			1	
四川省 Sichuan Province		1		4	2	1
成都有机化学研究所 Chengdu Inst. of Organic Chemistry		1		1		
成都山地灾害与环境研究所 Chengdu Inst. of Mountain Hazards and Environment				1	1	
成都生物研究所 Chengdu Inst. of Biology				1		1
光电技术研究所 Inst. of Optics and Electronics				1	1	

续表 9.12

单位 Unit	1994 年	1995 年	1996 年	1997 年	1998 年	1999 年
云南省、贵州省 Yunnan and Guizhou provinces		1		4	2	2
贵阳地球化学研究所 Guiyang Inst. of Geochemistry				2		1
昆明植物研究所 Kunming Inst. of Botany		1		1		
西双版纳热带植物园 Xishuangbanna Tropical Botanical Garden				1		1
昆明动物研究所 Kunming Inst. of Zoology					2	
陕西省 Shaanxi Province	1			4	1	2
水土保持研究所 Inst. of Soil and Water Conservation	1			2	1	
西安光学精密机械研究所 Xi'an Inst. of Optics and Fine Mechanics				1		1
中国科学院西安分院 CAS Xi'an Branch				1		1
甘肃省、青海省 Gansu and Qinghai provinces			1	3	4	5
近代物理研究所 Inst. of Modern Physics			1		3	1
兰州化学物理研究所 Lanzhou Inst. of Chemical Physics				1		
寒区旱区环境与工程研究所 Cold and Arid Regions Environmental and Engineering Research Institute				2	1	3
兰州冰川冻土研究所 Lanzhou Inst. of Glaciology and Geocryology				2		1
兰州沙漠研究所 Lanzhou Inst. of Desert Research					1	2
青海盐湖研究所 Qinghai Inst. of Saline Lakes						1

十、文献、情报

DOCUMENTATION AND INFORMATION

10.1 文献情报系统馆藏文献情况

Statistics of Documentation Collected by CAS Documentation and Information System

单位：万册 (ten thousand volumes)

年份 Year	文献收藏总量 Total collection	其中：院中心和地区中心藏书量 Of which：Total books collected by DICCAS & 4 regional centers	图书 Books 合计 Total	图书 中文 Chinese	图书 外文 Foreign languages	期刊 Periodicals 合计 Total	期刊 中文 Chinese	期刊 外文 Foreign languages	其他文献 Others
1950	63	34	51			12	6	6	
1955	272	118	182	115	67	88	26	62	2
1959	813	413	484	347	137	314	81	233	15
1965	1542	849	851	608	243	664	221	433	27
1978	867	692	367	184	183	193	102	91	307
1981	1753	876	668	354	314	679	190	489	406
1985	2104	962	600	312	288	1089	352	737	415
1988	2935	1240	679	359	320	1809	367	1442	447
1990	2565	1033	836	402	434	1729	357	1372	530
1991	3306	1269	810	392	418	1834	396	1438	662
1992	3032	1446	821	402	419	1553	353	1200	658
1993	3006	1450	786	409	377	1563	364	1199	657
1994	3032	1224	791	456	335	1592	368	1224	649
1995	3632	1232	768	394	374	2236	533	1703	628
1996	3700	1248	764	405	359	2316	549	1767	620
1997	3673	1271	681	339	342	2366	567	1799	626
1998	3606	1345	586	282	304	2295	540	1754	726
1999	4150	1358	629	322	307	2180	564	1616	1342

10.2 文献情报系统馆藏图书、期刊情况（1999年）

Statistics of Books and Periodicals Collected by CAS Documentation and Information System：1999

单位：万册 (ten thousand volumes)

	合计 Total	中文 Chinese	西文 Western languages	日文 Japanese	俄文 Russian	其他 Other languages
图书总册数 Total number of books	628.5	322.1	173.5	22.2	67.8	42.9
其中：院中心与地区中心 Of which：Collected by DICCAS & 4 regional centers	259.0	105.1	69.1	11.8	31.6	41.4
期刊总册数 Total number of periodicals	2179.7	564.2	1266.3	155.2	162.8	31.2
其中：院中心与地区中心 Of which：Collected by DICCAS & 4 regional centers	1044.2	275.4	588.8	81.8	67.0	31.2

注：1. DICCAS：中国科学院文献情报中心（CAS Documentation and Information Center）.

2. Regional center：地区文献情报中心（regional documentation and information Center of the Chinese Academy of Sciences）.

3. 中国科学院文献情报系统包括中国科学院文献情报中心、4个地区文献情报中心和研究所级的122个文献情报室。The Documentation and Information System of CAS includes DICCAS，4 regional documentation and information centers and 122 documentation and information services in the institutes of CAS.

10.3 文献情报系统馆藏其他文献情况（1999年）

Statistics of Other Documents Collected by CAS Documentation and Information System：1999

	古籍（册）Ancient book (volume)	学位论文（篇）Thesis (article)	会议录（册）Conference proceeding (volume)	专利文献（件）Patent (item)	照片图纸（张）Photo & Blueprint (frame)	科技报告（册）S&T report (volume)
总　计 Total	**740904**	**35623**	**124874**	**4972523**	**1727679**	**526703**
其中：院中心与地区中心 Of which：Collected by DICCAS & 4 regional centers	548193	19000	37515	568831	62	403494

	成果资料（件）Achievement document (item)	标准文献（件）Standard document (item)	音像制品（盒）Audiovisual document (box)	缩微制品（盒）Microform (box)	光盘（张）Optical disk (piece)	其他（件）Others (item)	合计 Total
总　计 Total	**143661**	**38614**	**18568**	**4167432**	**5084**	**172823**	**12674488**
其中：院中心与地区中心 Of which：Collected by DICCAS & 4 regional centers		17124	2965	1217031	2432	7000	2823647

10.4 文献情报系统文献服务情况(1999年)

Documentation Services Provided by CAS Documentation and Information System:1999

	文献流通量（册·次）Documents circulated (volume · times)	馆际互借（册·次）Inter-library loans (volume · times)	国际交换（册）International document exchange (volume)	文献复制（页）Document reproduction (page)	缩微制作（张·卷）Microform production (sheet · volume)
总　计 Total	**2708179**	**17162**	**34854**	**5646223**	**4313**
其中:院中心与地区中心 Of which：Collected by DICCAS & 4 regional centers	660084	2578	14580	2137953	103

10.5 文献情报系统情报加工与服务情况（1999 年）

Information Processing and Services Provided by CAS Documentation and Information System：1999

	情报服务 Information services				二次文献加工 Secondary information processing			情报调研报告（篇） Information research report (article)	翻译（万字） Translation (ten thousand character)
	专题咨询（次） Special subject consultation (times)	文献检索（条） Documentation retrieval (item)	科技查新（项） Novelty-searching (item)	展览（次） Exhibitions (times)	文摘（条） Abstract (item)	数据库数据加工（条） Data processing (item)	目录索引（种） Bibliography (title)		
总　计 Total	**6219**	**58457**	**625**	**102**	**61816**	**420220**	**3209**	**160**	**669**
其中：院中心与地区中心 Of which：Collected by DICCAS & 4 regional centers	3090	3352	398	7	29283	222511		81	39

十一、图书出版

PUBLICATION

11.1 图书

Classification of

年份 Year	合计 Total		科学出版社 Science Press		
	初版（种） First edition (title)	重版（种） Republication (title)	初版书 First edition		
			种 (title)	万字 (ten thousand Chinese characters)	万册 (ten thousand volumes)
总计 Total	**15506**	**5648**	**14502**	**419800**	**17368**
1950～1954	238		238	3157	106
1955～1965	3301	1557	3301	71427	1396
1966～1970	172	126	172	4834	188
1971～1977	892	177	892	21508	3981
1978～1985	3140	748	3140	89744	5867
1986	472	126	462	12620	214
1987	628	139	607	20810	240
1988	536	72	495	15310	374
1989	573	63	507	13940	713
1990	498	79	409	13600	217
1991	483	176	396	14624	289
1992	541	136	465	15680	599
1993	618	113	465	17125	399
1994	678	209	608	22448	441
1995	605	247	505	20309	542
1996	653	318	534	17799	466
1997	610	540	515	17495	509
1998	868	822	791	27370	827
1999	1168	918	1068	66681	1088

出版情况
Books Published

		中国科学技术大学出版社 The Press of the University of Science and Technology of China				
重版书 Republication		初版书 First edition			重版书 Republication	
种 (title)	万册 (ten thousand volumes)	种 (title)	万字 (ten thousand Chinese characters)	万册 (ten thousand volumes)	种 (title)	万册 (ten thousand volumes)
5209	**8545**	**1004**	**35424**	**1354**	**439**	**573**
1557	452					
126	26					
177	1547					
748	2483					
126	64	10	280	14		
133	122	21	641	38	6	13
64	81	41	1328	32	8	29
52	57	66	1763	83	11	6
61	41	89	3118	89	18	30
133	129	87	2659	60	43	100
109	271	76	2822	51	27	32
85	65	153	4597	653	28	25
137	149	70	2586	44	72	70
167	376	100	3651	78	80	94
270	493	119	4550	100	48	60
481	1089	95	4244	68	59	78
783	1100	77	3185	44	39	36
902	1200	100	4622	53	16	11

11.2 图书出版情况（1999 年）

Classification of Books Published：1999

单位：种数 (title)

学科及书类 Field and type	合计 Subtotal	科学出版社 * Science Press	中国科学技术大学出版社 The Press of the University of Science and Technology of China
总计 Total	**2086**	**1970**	**116**
一、按学科分 By field			
数学、力学 Mathematics & mechanics	111	104	7
物理 Physics	46	41	5
化学 Chemistry	35	30	5
天文学 Astronomy	3	3	
地学 Earth sciences	104	101	3
生物学 Biological sciences	307	298	9
技术科学 Technological sciences	397	357	40
综合类 Comprehensive	1083	1036	47
二、按书类分 By type			
专著 Monographs	158	153	5
基础理论 Basic theory	339	305	34
论文集 Collected works	84	81	4
应用技术 Applied technology	64	38	26
基本资料 Basic information	311	311	
工具书 Reference books	35	32	3
科普 Popular science	28	23	4
综述评论 Reviews	109	109	
其他 Others	958	918	40

* 其中包括外文版 15 种，译著 55 种。

Of which，15 are in English and 55 are translated books.

11.3 自然科学期刊分类情况（1999年）

Classification of Periodicals in Natural Science：1999

单位：种数 (title)

	总计 Total	学术 Academic journals	技术 Technological journals	检索 Retrieval journals	科普 Popular science	指导 Instructional journals
一、期刊总数 Total number of periodicals	289	245	16	14	11	3
二、刊期 Frequency						
周刊 Weekly	2		1		1	
半月刊 Semimonthly	5	3			2	
月刊 Monthly	40	29	7	1	3	
一个半月刊 Semiquarterly	1	1				
双月刊 Bimonthly	104	90	4	6	3	1
季刊 Quarterly	134	119	4	7	2	2
半年刊 Semiannually	3	3				
三、学科 Field						
综合 Comprehensive	28	22		1	3	2
数学 Mathematics	12	11		1		
力学 Mechanics	8	7		1		
物理学 Physics	27	22	1	3	1	

续表 11.3

	总计 Total	学术 Academic journals	技术 Technological journals	检索 Retrieval journals	科普 Popular science	指导 Instructional journals
化学 Chemistry	20	20				
天文学 Astronomy	8	7		1		
地学 Earth sciences	52	47		3	2	
生物学 Biology sciences	55	50	1	2	2	
农学 Agriculture sciences	3	3				
环境科学 Environmental sciences	10	8	1		1	
技术科学 Technological sciences	55	38	13	2	2	
其他 Others	11	10				1

注：1. 其中英文版期刊 43 种。

Note：There are 43 journals published in English.

2. 统计数字不包括各种不定期和非正式刊物。

Journals published irregularly or not publicly circulated are not included.

ISBN 7-03-008892-1

9 787030 088925 >